これ1冊でわかる!

蔦屋《つたや》重三郎《じゅうざぶろう》
江戸文化

伊藤 賀一

蔦屋重三郎がプロデュースした
世界に誇る日本の浮世絵師

【東洲斎写楽《とうしゅうさいしゃらく》】

寛政6（1794）年5月、蔦重《つたじゅう》（蔦屋重三郎）の依頼で歌舞伎の役者絵を描き鮮烈なデビューを飾るも、わずか10ヵ月で表舞台から姿を消した東洲斎写楽。出自がわからないどころか、その正体は謎に包まれたままだ。

（上）東洲斎写楽
「初代《しょだい》市川《いちかわ》男女蔵《おめぞう》の奴一平《やっこいっぺい》」

重要文化財　1794年
河原崎座で行われた「恋女房染分手綱（こいにょうぼうそめわけたづな）」に出演した市川男女蔵を描いた役者絵。
ColBase（https://colbase.nich.go.jp/）

（左）東洲斎写楽
「三代目《さんだいめ》大谷鬼次《おおたにおにじ》の江戸兵衛《えどべえ》」

重要文化財　1794年
河原崎座で行われた「恋女房染分手綱」に出演した大谷鬼次を描いた役者絵。
ColBase（https://colbase.nich.go.jp/）

東洲斎写楽画

（上）東洲斎写楽

「松本米三郎《まつもとよねさぶろう》の化粧坂《けわいざか》の少将実《しょうしょうじつ》はしのぶ」

重要文化財　1794年

桐座で行われた「敵討乗合話（かたきうちのりあいばなし）」に出演した松本米三郎を描いた役者絵。

ColBase（https://colbase.nich.go.jp/）

（左）東洲斎写楽

「三代目《さんだいめ》佐野川市松《さのがわいちまつ》の祇園《ぎおん》町の白人《はくじん》おなよと市川富右衛門《いちかわとみえもん》の蟹坂藤馬《かにさかとうま》」

重要文化財　1794年

都座で行われた「花菖蒲文禄曾我（はなあやめぶんろくそが）」に出演した佐野川市松（左）と市川富右衛門（右）を描いた役者絵。

ColBase（https://colbase.nich.go.jp/）

洲斎
寫樂画

【喜多川歌麿《きたがわうたまろ》】

喜多川歌麿は、蔦屋重三郎のプロデュースで名声を高めた江戸を代表する浮世絵師だ。とくに蔦重が売り出した歌麿の「美人大首絵《びじんおおくびえ》（上半身だけを描いた絵）」は評判を呼び、数々の人気作を生んだ。

（上）喜多川歌麿
「歌撰戀之部《かせんこいのぶ》・深《ふか》く忍恋《しのぶこい》」

18世紀
寛政年間（1789～1801年）に描かれた作品で、美人大首絵五枚揃の一枚。
ColBase（https://colbase.nich.go.jp/）

（左）喜多川歌麿
「婦人相學十躰《ふじんそうがくじってい》・浮気之相《うわきのそう》」

重要文化財　18世紀
美人大首絵の連作の一枚で、歌麿の錦絵としては最初期の作品と考えられている。
ColBase（https://colbase.nich.go.jp/）

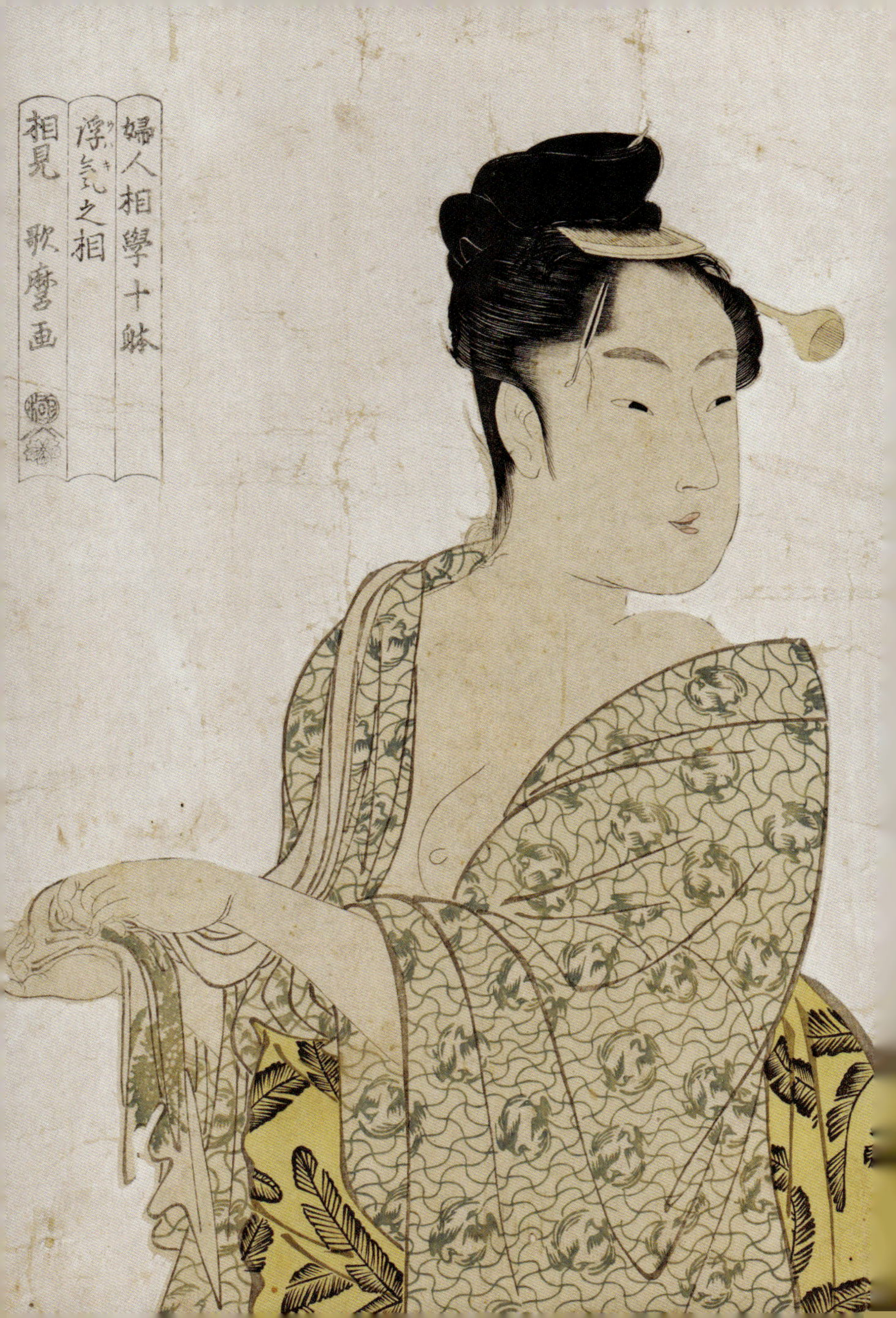
婦人相學十躰
浮氣《うハき》之相
相見 歌麿画

【葛飾北斎《かつしかほくさい》】

写楽や歌麿に続く次の世代の絵師として、蔦重は葛飾北斎に目をかけ、黄表紙の挿絵を描かせるなどして育成した。また、北斎は大器晩成の絵師ともいわれ、70歳を過ぎて描いた『富嶽三十六景』は世界的に知られる。

葛飾北斎
『富嶽三十六景《ふがくさんじゅうろっけい》』

19世紀
晩年の北斎が富士山をテーマに描いた、46枚からなるシリーズもの。上は「凱風快晴（がいふうかいせい）」と題し赤い富士が描かれ、下は「武州玉川（ぶしゅうたまがわ）」と題し、多摩川のほとりから見た富士が描かれている。
ColBase（https://colbase.nich.go.jp/）

葛飾北斎
「桜花《おうか》に鷹《たか》」

19世紀
鷹と桜を描いたもので、「富嶽三十六景」と同時期の作品と考えられている。
ColBase（https://colbase.nich.go.jp/）

はじめに

昨今の国内外における閉塞的な状況は、徳川将軍家の治世が中期から後期に差しかかった18世紀後半の世相《せそう》に似ている。

物価高騰の中ではびこる拝金主義、大都市・江戸（東京）への人口集中と地方の衰退、甚大な自然災害の連続と近隣諸国の脅威。そして、それらの不安を受け止めてくれるはずの幕府（政府）に対する不信感が募る……。

そんな状況下で、べらぼうに元気な「メディア王」が江戸吉原《よしわら》の遊《ゆう》郭《かく》から飛び出し、縦横無尽に大活躍した。目立ちすぎて幕府に弾圧されたこともあったが、それ自体を痛快と感じた江戸っ子たちは、陰に日向に拍手喝采を送った。

それが蔦屋重三郎だった。

現代でいうレンタル業・小売業・卸売業・出版業・広告代理業の経営者を兼ねた蔦重は、それまで上方《かみがた》（京都・大坂 ※現在の大阪）中心だった文化の拠点を、江戸に移すほどのパワーがあった。

江戸郊外の吉原育ちの男が、両親の離縁にともない養子に出され、引手茶屋《ひきてぢゃや》の一角で小さな書店を営み、地の利を活かして遊女紹介本・遊郭案内本の編集を手がけ、後日そのジャンルの出版権を独占しただけでも大したものだ。

さらに江戸の中心・日本橋に進出し、大衆的な娯楽本と浮世絵の出版を手がけ、多くの作者・絵師・職人を抱えて、日本一有名で勢いのある版元になった。ここまでの話で十分「一冊の本」が書けるほどの武勇伝だろう。

その後、幕府の出版統制により弾圧されたが、新規事業を立ち上げ見事に復活。50歳を前にして蔦重は全財産を番頭に譲って亡くなった。「一本の映画」になるような栄華であり、一炊《いっすい》の夢のような見事な人生だ。

私は京都出身で、上京して文学部史学科に入学。もともと、教えることと書くことが好きだったので、日本史の予備校講師をしつつ、常時30社ほどの出版社と仕事をする「作者」になった。

似た立場の「イラストレーター」「デザイナー」さんや「編集プロダクション」だけでなく、版元の「編集部」「校閲部」「営業部」「広告・宣伝部」「社長室」など、あらゆる部署の方と付き合いがある。

また、新聞や雑誌の取材を受けることも多々あり、テレビやラジオに出演することもしばしばだ。メディアにおけるプレイヤーとしては「経験していないことはない」といえる立場だろう。

だからこそ、「メディア王」たる蔦重のすごさがわかっているつもりだが……いや本当にすごい人。

これだけの熱量と気迫、運と縁を持つ人物と仕事してみたかった、と思う。しかし正直、現代ではとても無理だろう。

江戸時代は世界史的に見ても「Ｔｈｉｓ ｉｓ Ｊａｐａｎ！」と断言できるほど独特な時代だ。しかも、中期から後期への過渡期はとくに変化の大きい幕政改革期であり、「この時期」でなければ、この人物は世に登場しなかったに違いない。

蔦重という人間に加え、江戸時代の文化を一冊の中でまるごと楽しめる「令和の娯楽本」がようやく完成しました。

ぜひ、どんどんページをめくってみてください！

伊藤賀一

目次

目次

第5章　もっと知りたい！　江戸と蔦重……149

目次

スタッフ

編集・構成
山本道生（地人館）

編集協力
大角 修（地人館）
山内貴範

ブックデザイン
DTP
長 信一

イラスト
田中 斉

校閲
山本尚幸（こはん商会）

表紙の絵：東洲斎写楽
「三代目大谷鬼次の江戸兵衛」
（さんだいめおおたにおにじのえどべえ）
ColBase（https://colbase.nich.go.jp/）

背表紙の絵：東洲斎写楽
「市川蝦蔵の竹村定之進」
（いちかわえびぞうのたけむらさだのしん）
ColBase（https://colbase.nich.go.jp/）

裏表紙の絵：山東京伝
『箱入娘面屋人魚』
（はこいりむすめめんやにんぎょう）
国立国会図書館

第1章

メディア王・蔦屋重三郎の生涯

【蔦屋重三郎が生きた時代とその背景】

田沼《たぬま》時代から寛政《かんせい》の改革を経て大御所《おおごしょ》政治の時代へ

田沼時代から松平定信《まつだいらさだのぶ》の寛政の改革へ

蔦屋重三郎（1750～1797年）が生きた18世紀後半は、幕政改革が二転三転する混乱期だった。延享《えんきょう》2（1745）年、御三家《ごさんけ》（尾張《おわり》・紀伊《きい》・水戸《みと》）の中で、No.2の紀伊藩出身で**「享保《きょうほう》の改革」**に一定の成果をあげ「幕府中興《ちゅうこう》の祖《そ》」とされる**8代将軍徳川吉宗《よしむね》**（1684～1751年）が、将軍職を嫡男《ちゃくなん》に譲り大御所となった。

9代将軍徳川家重《いえしげ》（1712～1761年）は、生まれつき障害があり言語不明瞭でリーダーシップに欠けることもあり、実権は「有徳院《ゆうとくいん》」と号した大御所の吉宗が握り続けた。大御所となった6年後に吉宗が亡くなると、家重は唯一の理解者であった側用人《そばようにん》の大岡忠光《おおおかただみつ》（1709~1760年）を全面的に頼ったが、新たな政策を打つこともなく**幕政は停滞**してしまう。

この家重の小姓《こしょう》（雑用係）を経て、宝暦《ほうれき》10（1760）年に就任した**10代将軍徳川家治《いえはる》**（1737~1786年）のもとで、側用人兼老中《ろうじゅう》に出世したのが**田沼意次《たぬまおきつぐ》**（1719~1788年）だ。**現実主義的な改革**を行ったその治世は**「田沼時代」**と呼ばれた。当時、農村からの年貢収入は減少し、幕府の財政は行き詰まっていた。田沼はこれを打開するため、商業・都市重視の政策をとる。しかし、貨幣経済の発展に積極的に対応したことで、役人と町人との癒着《ゆちゃく》を生み、武士の町人化を招き賄賂《わいろ》・縁故《えんこ》が横行してしまった。

田沼意次は10代将軍家治のもとで出世し、側用人兼老中になった人物で、商人に特権を与えるなど商業を重視し、産業の発展をはかった。

さらに目黒行人坂《めぐろぎょうにんざか》の大火、天明《てんめい》の飢饉《ききん》、浅間山《あさまやま》大噴火といった天災が続いたことで経済も停滞し、幕府に対する人々の不満が高まった。

当時の世相を切り取った「浅間《あさま》しや富士より高き米相場　火の降る江戸に砂の降るとは」という狂歌《きょうか》まで存在する。その後、若年寄《わかどしより》を務めていた嫡男の田沼意知《おきとも》（１７４９～１７８４年）が旗本《はたもと》の佐野政言《さのまさこと》に殺害された不幸を「佐野世直《よなお》し大明神」などと世間が喜ぶ異様な雰囲気の中、後ろ盾であった将軍家治が世継ぎのないまま亡くなると、田沼意次は失脚した。

天明７（１７８７）年、御三卿《ごさんきょう》（田安《たやす》・一橋《ひとつばし》・清水《しみず》）のNo.２だった一橋家から14歳の**徳川家斉《いえなり》**（１７７３～１８４１年）が**11代将軍**に選ばれた。

同時に御三卿筆頭の田安家から29歳の白河藩主**松平定信《まつだいらさだのぶ》**（１７５８～１８２９年）が老中首座《しゅざ》・将軍補佐となった。定信は、幕府の権威を高め農村復興をはかる**理想主義的**な**「寛政《かんせい》の改革」**を行う。

農業・農村重視の厳しい政策は、「文武両道《ぶんぶりょうどう》」をすすめ士風（武士の行動規範）の引き締めには成功したが、「世の中に蚊ほどうるさきものはなし　ぶんぶ（文武）というて夜も寝られず」「白河の清きに魚《うお》の住みかねて　もとの濁《にご》りの田沼恋《たぬまこい》しき」と狂歌に詠まれるほど武士・町人の不評を集め、定信はわずか6年で失脚した。

寛政5（1793）年からは、20歳になったものの、まったく政治意欲のない11代将軍徳川家斉が約50年にわたり率先して改革を放棄し、**「大御所政治」**と呼ばれるようになった。

キーワード
幕政の改革

①享保の改革	（1716～1745年）	8代将軍徳川吉宗「将軍みずからの改革」
②田沼時代	（1767頃～1786年）	老中・側用人田沼意次「現実主義的改革」
③寛政の改革	（1787～1793年）	老中首座・将軍補佐松平定信「理想主義的改革」
④大御所政治	（1793～1841年）	11代将軍徳川家斉「改革の放棄」
⑤天保の改革	（1841～1843年）	老中首座水野忠邦「絶対主義的改革」

元禄《げんろく》文化から宝暦《ほうれき》・天明《てんめい》期の文化へ

蔦屋重三郎が活躍した1770～1790年代は、政治史的には「田沼時代～寛政の改革～大御所政治初期」にあたるが、文化史的にはどのような時期だったのか、それ以前から振り返ってみよう。

17世紀前半から半ばの文化を、3代将軍徳川家光《いえみつ》（1604～1651年）の治世の代表的元号から**「寛永《かんえい》期の文化」**といい、その担い手は将軍家・大名・皇族・貴族・京都の上層町衆《じょうそうちょうしゅう》が中心だった。社会の安定にともなった優雅で落ち着いた文化で、のちに栄える町人文化の芽生えも見られた。文芸作品では教訓や道徳を題材とし、実用性・娯楽性に富んだ通俗的な絵入り仮名《かな》書き小説の**仮名草子《かなぞうし》**が登場。また、連歌《れんが》の発句《ほっく》が**俳諧《はいかい》**として独立し、松永貞徳《まつながていとく》の貞門俳諧《ていもんはいかい》（京都）、西山宗因《にしやまそういん》の談林俳諧《だんりんはいかい》（大坂）が流行した。続く17世紀末～18世紀前半の文化を、5代将軍綱吉《つなよし》（1646～1709年）の治世の代表的元号から**「元禄文化《げんろくぶんか》」**といい、上方《かみがた》（京都・大坂）の富裕な町人や武士が文化の担い手だった。現世《げんせ》（浮き世）を肯定する享楽的な風潮が一般に広まり、人間性の追求が始まったといえる。

また、〝鎖国〟体制が確立したことで日本独自の文化が成熟した。文芸では、**「(元禄)三大文学者」**(①浮世草子《うきよぞうし》の井原西鶴《いはらさいかく》 ②蕉風《しょうふう》(正風《しょうふう》)俳諧《はいかい》・俳諧紀行文《はいかいきこうぶん》の松尾芭蕉《まつおばしょう》 ③人形浄瑠璃《にんぎょうじょうるり》・歌舞伎《かぶき》の脚本家の近松門左衛門《ちかまつもんざえもん》)が活躍した。

さらに、世態《せたい》・風俗を描く民衆的絵画の**浮世絵**が登場し、菱川師宣《ひしかわもろのぶ》が浮世絵版画を創始した。しかし、当時は一枚絵が少なく多くは絵本・挿絵《さしえ》本だった。これらの文化に対し、蔦重が活躍した18世紀後半の文化は、9代将軍家重と10代将軍家治の治世の代表的元号から**「宝暦・天明期の文化」**といい特徴を時系列順に追うと次のようになる。

❶「享保の改革」では、実学奨励《じつがくしょうれい》のため漢訳洋書輸入の禁を緩和し、青木昆陽《あおきこんよう》・野《の》呂元丈《ろげんじょう》にオランダ語を学ばせ洋学(蘭学《らんがく》)勃興《ぼっこう》の契機となっていた。

❷9代将軍家重の治世では、京都で宝暦事件(1758年)、江戸で明和《めいわ》事件(1767年)という尊王思想弾圧事件《そんのうしそうだんあつじけん》が起こり、幕府の独裁的支配にやや動揺がみられた。一方、鈴木春信《すずきはるのぶ》が多色刷り浮世絵版画の**錦絵《にしきえ》**を創始した(のちに喜多川歌麿・東洲斎写楽らが美人大首絵や役者絵で一世を風靡《ふうび》する)。

❸「田沼時代」には、士風の退廃《たいはい》から詩文や書画などに心を寄せる文人的武士が現れ、民間の学問・芸術が多様な発展を遂げる。世相を風刺した**狂歌《きょうか》**や**川柳《せんりゅう》**が流行するとともに、杉田玄白《すぎたげんぱく》・前野良沢《まえのりょうたく》ら蘭学者（洋学者）によって西洋医学書の翻訳本『解体《かいたい》新書《しんしょ》』が完成し、幕府に提出されている。

❹「寛政の改革」では、（半官半民の）聖堂学問所《せいどうがくもんじょ》で朱子学《しゅしがく》以外の講義・研究を禁止した**寛政異学《かんせいいがく》の禁《きん》**が発せられ、『海国兵談《かいこくへいだん》』で人心を惑わしたとして林子平《はやししへい》が処罰された。さらに強化された**出版統制令**により恋川春町《こいかわはるまち》の**黄表紙《きびょうし》**、山東京伝《さんとうきょうでん》の**洒落本《しゃれぼん》**が発売禁止となり、版元（板元）の蔦屋重三郎も処罰されるなど戯作《げさく》（当時の娯楽読み物）にとって厳しい時代だった。また、松平定信の失脚後だが、蔦重が亡くなった寛政9（1797）年には聖堂学問所は昌平坂学問所《しょうへいざかがくもんじょ》（昌平黌《しょうへいこう》）と改められ、官立化している。そして、19世紀前半の文化は、11代将軍家斉の治世の代表的元号（文化・文政《ぶんせい》）から「**化政《かせい》文化**」という。上方と並ぶ経済の中心地に成長した江戸の幅広い階層の武士や町人が担う文化で、内容は多種多様にわたる。

蔦重が生まれた18世紀半ばから、蔦重死後の19世紀にかけての江戸では、美意識としての「粋《いき》」と行動原理としての「通《つう》」が重視され、「野暮《やぼ》」は徹底して避けられた。批判的精神に満ち、教育・出版の普及と交通網の発達に支えられ、都市と農村、三《さん》都《と》（江戸・京都・大坂）と地方の文化交流も盛んで、各地の豪商・豪農を中心に文化の地方普及が著しい状態で日本文化史の頂点をなした。

文芸では十返舎一九《じっぺんしゃいっく》・式亭三馬《しきていさんば》の**滑稽本**《こっけいぼん》、曲亭馬琴《きょくていばきん》の**読本**《よみほん》、為永春水《ためながしゅんすい》の**人情本**《にんじょうぼん》、柳亭種彦《りゅうていたねひこ》の**合巻**《ごうかん》（黄表紙を数冊綴《と》じたもの）が話題となり、〝戯作三昧《げさくざんまい》〟状態となった。

浮世絵版画では、のちに西洋に衝撃を与えた葛飾北斎《かつしかほくさい》・歌川広重《うたがわひろしげ》らが活躍した。

キーワード
江戸文化

①寛永期の文化	3代将軍期の上方が中心
②元禄文化	5代将軍期の上方が中心
③宝暦・天明期の文化	9～10代将軍期の江戸が中心
④化政文化	11代将軍期の江戸が中心

略年表

享保の改革から蔦屋重三郎が没するまで

1716年	享保元	8月	**徳川吉宗**、第8代将軍になる。
			幕府の財政再建を目指して「享保の改革」を行う。
1745年	延享2	11月	**徳川家重**、第9代将軍になる。
1750年	寛延3	1月	**蔦屋重三郎、江戸の吉原で生まれる。**
1760年	宝暦10	9月	**徳川家治**、第10代将軍になる。
1767年	明和4	7月	田沼意次が側用人になる。
1772年	安永元		田沼意次が老中を兼任。名実ともに「田沼時代」がスタート。
			蔦屋重三郎、吉原大門口に書店を構える。
1774年	安永3	7月	遊女評判記『一目千本《ひとめせんぼん》』を出版（蔦屋重三郎初の出版物）。
		8月	杉田玄白・前野良沢らが西洋医学書を翻訳した『解体新書』が完成。
1775年	安永4		恋川春町の黄表紙『金々先生栄花夢《きんきんせんせいえいがのゆめ》』が出版。
1777年	安永6		蔦屋重三郎、浄瑠璃本の出版を開始する。
1779年	安永8		この頃、大田南畝《おおたなんぼ》が『一話一言《いちわいちげん》』を著す。
1780年	安永9		蔦屋重三郎、黄表紙・往来物の出版を開始する。

1783年	天明3		『吉原細見』が蔦屋重三郎の独占出版となる。
			蔦屋重三郎、狂歌師としての活動を始める。
		9月	蔦屋重三郎、日本橋通油町に「耕書堂《こうしょどう》」を移転。
1784年	天明4	3月	江戸城内で若年寄の田沼意知が旗本の佐野政言に刺殺される。
1786年	天明6	8月	徳川家治の死にともない、田沼意次が罷免される。
1787年	天明7	4月	**徳川家斉**、第11代将軍になる。
		6月	松平定信が老中主座になる。「寛政の改革」に着手する。
1788年	天明8		蔦屋重三郎、朋誠堂喜三二《ほうせいどうきさんじ》の『文武二道万石通《ぶんぶにどうまんごくとおし》』を出版。
1789年	寛政元		蔦屋重三郎、恋川春町の『鸚鵡返文武二道《おうむがえしぶんぶのふたみち》』を出版。
1790年	寛政2	5月	幕府、一枚絵・好色本などの取り締まりを強化（出版統制令）。
1791年	寛政3	3月	幕府、山東京伝の『仕懸文庫《しかけぶんこ》』等を絶版とし、手鎖50日に処す（版元の蔦屋重三郎には重過料）。
			この頃から、喜多川歌麿の美人大首絵を出版。
1792年	寛政4	5月	幕府、前年に『海国兵談』を出版した林子平を禁錮に処す。
1794年	寛政6	5月	蔦屋重三郎、東洲斎写楽の役者絵を出版。
1797年	寛政9	5月	蔦屋重三郎、脚気により没する。

メディア王・蔦屋重三郎の仲間たち

人材の登用・発掘・育成を柱にメディア王へ上り詰めた蔦重。これから本書に登場する主な絵師や作家を紹介する。

(母)津与《つよ》

(父)丸山重助《まるやまじゅうすけ》

蔦屋重三郎(幼名／柯理)

(義兄)蔦屋次郎兵衛《じろべえ》

(蔦屋番頭)勇助《ゆうすけ》

人々の目を楽しませた
天才絵師たち

蔦重の初出版『一目千本《ひとめせんぼん》』
の挿絵を担当
北尾重政《きたおしげまさ》

蔦重が売り出した
美人大首絵が
一世を風靡！
喜多川歌麿《きたがわうたまろ》

蔦重が次世代の絵師と
見込んだ男
葛飾北斎《かつしかほくさい》

活動期間は10ヵ月。
出自不明の謎の絵師
東洲斎写楽《とうしゅうさいしゃらく》

蔦重の盟友にして黄表紙・
洒落本の第一人者
山東京伝《さんとうきょうでん》

蔦重と公私ともに
親交が深かった戯作者
朋誠堂喜三二《ほうせいどうきさんじ》

天明の狂歌ブームを
牽引した天才狂歌師
大田南畝《おおたなんぽ》

蔦重家に寄宿し腕を磨き
ベストセラー作家となった
十返舎一九《じっぺんしゃいっく》

耕書堂の手代として働き、
読本ブームの火付け役に！
曲亭馬琴《きょくていばきん》

黄表紙ブームの
火付け役となった
戯作者＆絵師
恋川春町《こいかわはるまち》

人々の心を踊らせた
江戸を代表する作家たち

【蔦屋重三郎の生い立ち】

有徳院（徳川吉宗）の時代、江戸の吉原《よしわら》で生まれる

両親が離婚し喜多川《きたがわ》家へ養子に出される

大御所の有徳院（元8代将軍徳川吉宗）が、嫡男である9代将軍家重の後見《こうけん》をしていた寛延《かんえん》3（1750）年1月7日。**蔦屋重三郎**は、尾張国《おわりのくに》（現在の愛知県北部）出身の**吉原**（現在の台東区千束《せんぞく》）で働く父の丸山重助《まるやまじゅうすけ》と、江戸生まれの母・津与《つよ》の間に生まれた。

幼名はおそらく「柯理」で、読みは不明（「からまる」と読む説があるが、後付けかもしれない）。父・重助の仕事の詳細や、兄弟姉妹の有無も不明である。

7歳のとき、両親が離別したことで**引手茶屋《ひきてぢゃや》「蔦屋《つたや》」**を営む喜多川（北川）家の養子となった。引手茶屋は、男性客を遊女屋《ゆうじょや》へ案内する茶屋である。

御三家の筆頭、尾張徳川家の領地から江戸に移り住んだ父は、なにか特別な縁故でもない限り、当時の「人材派遣業」「職業安定所」であった口入屋《くちいれや》の斡旋《あっせん》を受けた可能性が高い。口入屋は、主に短期の奉公人や日雇い仕事を斡旋するが、**遊郭《ゆうかく》（公娼街《こうしょうがい》）・岡場所《おかばしょ》（私娼街《ししょうがい》）**における性産業での仕事を紹介したり、賭場《とば》の用心棒を紹介することもあった。

キーワード
吉原

京都の島原《しまばら》・大坂の新町《しんまち》と並ぶ江戸時代の三大公娼街である江戸の吉原は、元は日本橋付近（現在の中央区日本橋人形町）にあった。以前から移転計画はあったが、明暦《めいれき》3（1657）年の明暦の大火（振袖《ふりそで》火事《かじ》）後、浅草付近の日本堤《づつみ》（現在の台東区千束）に移転した。前者を元吉原《もとよしわら》、後者を新吉原《しんよしわら》という。

※本書では、基本的に「新吉原」を「吉原」と標記することとする。

【蔦屋重三郎流ビジネスの出発点】

吉原の大門口《おおもんぐち》の一角に地本問屋《じほんどいや》「耕書堂《こうしょどう》」を開店

問屋と小売を兼ねながら、版元としても経営を拡大

安永元《あんえい》（1772）年、22歳の蔦屋重三郎は、吉原大門口の五十間道《ごじっけんみち》で引手茶屋を営む義理の兄・蔦屋次郎兵衛《じろべえ》の軒先を借り、小さな書店を開店した。のちに「**耕書堂**」と呼ばれる初めての自分の店である。

当初は鱗形屋孫兵衛《うろこがたやまごべえ》が発行する「**遊女の案内書＝吉原細見本《よしわらさいけんぼん》**」の販売代理店や貸本屋だったが、江戸時代の書店は版元《はんもと》（印刷物の出版元、本の発売元）を兼ねることが普通で、蔦重も卸売・小売・版元として経営規模を拡大していった。

江戸の出版界には二つのタイプがあった。もともと文化水準・経済水準が高かった

恋川春町『廓簒費字盡（さとのばかむらむだじづくし）』
1783年に発売されたもので、左上に吉原の大門口にあった蔦屋の店が見られる。（国立国会図書館）

上方《かみがた》（京都・大坂）の資本が経営する専門書を主に扱った「書物問屋《しょもつどいや》（書物屋《しょもつや》）」と、江戸時代中期以降急速に発展した、江戸の資本が経営する大衆書を主に扱った「地本問屋《じぼんどいや》（地本屋《じほんや》）」である。蔦重の耕書堂は、もちろん後者であった。

大衆書とは、絵入り小説の草双紙《くさぞうし》（子ども向けの赤本という絵本から始まり、大人向けの黒本・青本と発展し「黄表紙《きびょうし》」「洒落本《しゃれぼん》」「読本《よみほん》」「滑稽本《こっけいぼん》」「人情本《にんじょうぼん》」につながる）や浄瑠璃本《じょうるりぼん》、各種案内書などを指す。

また、春画《しゅんが》・人物画・風景画など

の浮世絵（現世の世相・風景を描いた絵）版画も販売していた。

　地本屋では、今でいう小説・絵本・歌集・アダルト本・ガイドブックのようなものを広く扱い、さらに江戸には和漢物《わかんもの》を扱う本屋、漢籍《かんせき》専門の唐本屋《とうほんや》、写本《しゃほん》を扱う書本屋などもあった。

　8代将軍徳川吉宗の「享保の改革」期に、統制のため「仲間《なかま》」と呼ばれる組合の結成を命じられたり、幕政への批判を監視するために出版統制令を出された書物屋とは違い、当時の地本屋は相対的にやりたい放題だった。

キーワード
吉原細見本

1779年に耕書堂が刊行した『吉原さいけん』。（国立国会図書館）

　吉原細見本は、通常年2回（春・秋）発行の定期刊行物。遊女屋や遊女の名前と格付け、芸者や引手茶屋の紹介、価格、イベント、名物などの最新情報が詳細に記されたガイドブック。

葛飾北斎『画本東都遊（えほんあずまあそび）』
蔦重の死後に出版された狂歌絵本に収められた、耕書堂を北斎が描いた一枚。上部の暖簾らしきものに「耕書堂」の文字がはっきり見える。（東京都立中央図書館）

【蔦屋重三郎、出版業への進出】

編集者として『一目千本《ひとめせんぼん》』を手掛け、経営者として『吉原細見』を独占する

みずから編集した『一目千本』を初出版

当時の江戸は、１００万人を超える世界最大の「消費都市」で、貨幣経済が大いに発展した。その勢いある経済が生み出す商品の広告が、上方（京都・大坂）にならって刊行点数を増やしてきた書籍や浮世絵に掲載されたのである。蔦重は販売代理店としての卸売・小売のみならず、版元としての活動を広げることでメディア王への道を開いていった。

吉原で蔦重が始めた小さな本屋は、日本橋大伝馬町《おおでんまちょう》に古くからある鱗形屋孫兵衛《うろこがたやまごべえ》の「鶴鱗堂《かくりんどう》」が版元だった吉原細見本『細見嗚呼御江戸《さいけんああおえど》』の卸売・小売からスタートし

北尾重政『一目千本』
1774年に蔦屋重三郎が初めて手がけた一冊。ユリやボタンなど花の絵に遊女の名前が添えられている。（大阪大学附属図書館所蔵）　出典／国書データベース

ている。そのとき編集者としてかかわった蔦重は、**平賀《ひらが》源内《げんない》**に「福内鬼外《ふくちきがい》」名義で序文を書いてもらったことで彼との接点ができた。

安永《あんえい》3（1774）年、鱗形屋の手代《てだい》（使用人）・徳《とく》兵衛《べえ》が大坂の版元との間で重板《じゅうはん》（同じ物を改題して無断で出版する）トラブルを起こして江戸から追放された。主人の孫兵衛も罰金刑を受けて、鶴鱗堂は一時的に吉原細見本を出版できなくなったのである。24歳の蔦重はこれを機に、各店の「上級遊女＝花魁《おいらん》」の名を実際の花に見立てて紹介する遊女評判記**『一目千本』**を**独自に編集・出版**し、その本は上客への贈答品となった。そして、2年後に鶴鱗堂の吉原細見本が復活した後も、この本の話題でもちきりだった。こうして版元にもなった蔦重は、天明3（1783）年までに鶴鱗堂などから版権を続々

と買い取り、販売網も整備し同種の本を『吉原細見』という呼称に統一し、このジャンルを独占することになった。

この成功には二つの背景があると思われる。

一つめは、蔦重の『吉原細見』が他の版元の物と比べて優れていたこと。蔦重は紙面から余分な装飾を削り、遊郭の場所や遊女の所属先がすぐにわかるようレイアウトを変更。ページ数を半分に減らす一方で、判型を大きくして見やすくするなど、利用者の使い勝手を徹底的に重視した。吉原で生まれ育った人間ならではの気づきや配慮だ。二つめは、卸売・小売と並行して、確実に収益が上がる貸本《かしほん》を収入の軸にし、版元になるための投資を可能としたことだ。印刷技術が発達し書写《しょしゃ》（書き写すこと）に頼らずとも出版が可能になっても、書籍はまだまだ高価で購入できるのは一部の富裕層に限られていた。また、「読み・

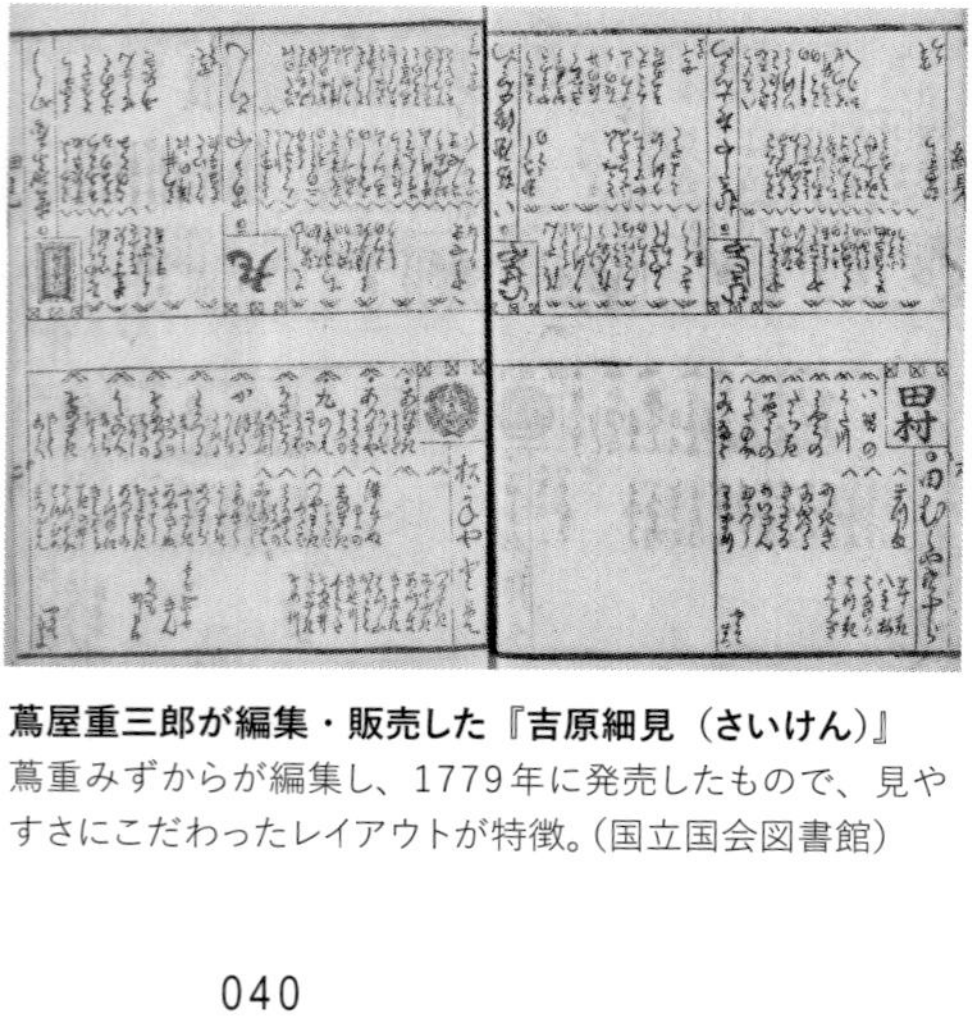

蔦屋重三郎が編集・販売した『吉原細見（さいけん）』
蔦重みずからが編集し、1779年に発売したもので、見やすさにこだわったレイアウトが特徴。（国立国会図書館）

書き・そろばん」を教える寺子屋《てらこや》教育《きょういく》が普及し、庶民の識字率《しきじりつ》が高まったことから「貸本＝レンタル業」は十分需要もあった。そして、引手茶屋の養子という立場を利用して遊女屋へ常に出入りし、遊郭の経営者や従業員たちから最新の情報を手に入れ、その情報を活用することで、ヒット作を生み出し、販路を開拓し、事業を拡大することができたのである。このように蔦屋重三郎は斬新な**編集者**であり、かつ堅実な**経営者**としての**ディレクション**と**マネジメント**の能力を発揮していった。

キーワード
平賀源内
(1728～1780年)

讃岐国《さぬきのくに》（現在の香川県）高松藩出身で、蔦重より22歳年長のマルチな奇才。本草学者《ほんぞうがくしゃ》・地質学者・蘭学者・医者に飽き足らず、エレキテル（摩擦起《まさつき》電器《でんき》）の発明や鉱山開発でも有名。戯作者や俳人・脚本家としても活躍し、西洋画まで描く。最後は誤解から刃傷《にんじょう》沙汰《ざた》を起こし獄死した。

【安永年間の江戸と蔦屋重三郎】

庶民が物価高に喘いだ時代に、蔦重は積極的に出版物を刊行し吉原を盛り上げる

新たな吉原細見本と、喜多川歌麿との出会い

安永元（1772）年、10代将軍徳川家治に仕える田沼意次が側用人《そばようにん》と老中を初めて兼任した。しかし、世間は物価高に振り回され、「年号は安《やす》く永《なが》しと変はれども諸色高直今《しょしきこうじき》にめいわ九《く》（年号〔元号〕は明和9年から安永元年へと変わったが、諸物価は高く、今まさに迷惑している）」と狂歌に詠まれる世相だった。

こうなると、人は安価で手軽に気分を発散できるものに流れる。性風俗においては江戸の南東（辰巳《たつみ》）の私娼街《ししょうがい》・深川《ふかがわ》の遊郭《ゆうかく》が流行し始めた。

一方、公娼街《こうしょうがい》の吉原は客を呼び戻すためのキャンペーンを張る必要があった。遊

女屋や引手茶屋が一丸となって伝統行事を復活させ、田沼時代の恩恵で富裕になった町人や町人化した武士を巻き込み、吉原を盛り上げていった。その頃、前項のとおり新たな吉原細見本の版元になり、事業を拡大していく過程にあった蔦重は、行事があるたびに出版物を刊行し、吉原内外への情報発信を積極的に行った。

このような安永年間の終わり頃に、家系的な関わりもあって蔦屋に居候《いそうろう》状態となっていたのが3歳下といわれる浮世絵師・**喜多川歌麿**《きたがわうたまろ》（p123）だった。以後、歌麿は天明・寛政年間に耕書堂が発行する本の挿絵や一枚刷りの錦絵を描くようになる。

キーワード
深川

縦・横に河川が走る深川は、江戸で相次いだ火災の焦土や市中の廃棄物で埋め立てられた造成地だ。深川芸者は女性が着ない羽織《はおり》をまとい、「〇吉、〇太」と男名乗りをし、冬でも足袋《たび》を履かず素足の美を誇り、座敷への往復には男の箱屋《はこや》ではなく女に三味線を持たせた。また、この時代には「意地《いじ》、張《は》り」を売りに客に媚《こ》びない男装の麗人や優男《やさおとこ》の陰間《かげま》が話題となり、私娼街である岡場所《おかばしょ》（非公認の遊郭）ながら公娼街の吉原をしのぐ人気を集めた。

【新たな出版へチャレンジ】

当時、流行の兆しを見せ始めた黄表紙《きびょうし》の出版に挑戦する

吉原細見と往来物《おうらいもの》に加え、黄表紙に着手

吉原に耕書堂を開いて9年目の安永9（1780）年、蔦屋重三郎はその頃、流行し始めた新ジャンル・**黄表紙**の出版に挑戦する。黄表紙は、草双紙の系譜に連なる絵入り娯楽小説で、最初に手掛けたのは鱗形屋孫兵衛だ。

また、蔦重は定期刊行本である『吉原細見』とともに、手紙形式の寺子屋教科書である**往来物《おうらいもの》**の出版もスタートさせ、利益の確保に余念がなかった。雑誌と教科書の販売で命脈をつなぐ現代の町書店と同じ発想である。

くわえて蔦重は、その3年前の安永6（1777）年にブームが到来し、安定した

朋誠堂喜三二『鐘入七人化粧』
1780年に出版された、絵入りの娯楽小説（黄表紙）。（国立国会図書館）

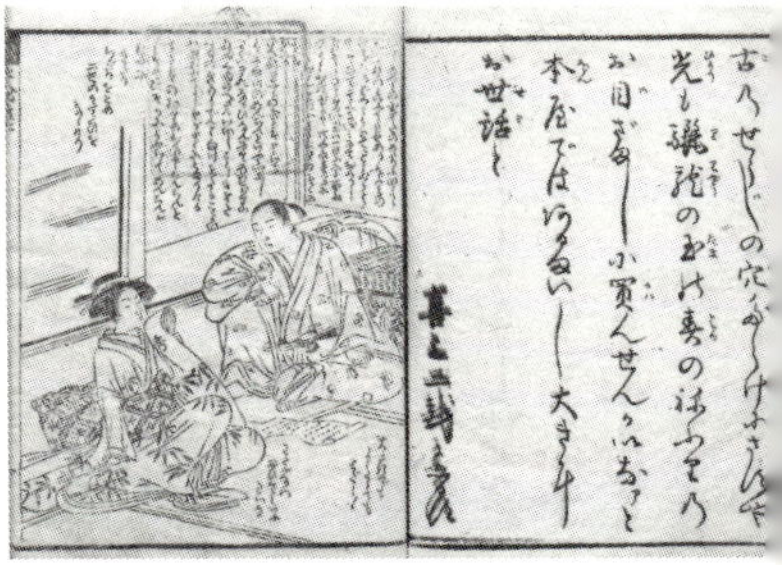

売り上げが見込めた**富本節**《とみもとぶし》（浄瑠璃節の一つ）の正本《しょうほん》・稽《けい》古本《こぼん》の出版も始めていた。

黄表紙に関しては、人気戯作者《げさくしゃ》・**朋誠堂喜三二**《ほうせいどうきさんじ》（p135）の『鐘入七人化粧《かねいりしちにんけしょう》』、人気狂歌師《きょうかし》・**大田南畝**《おおたなんぽ》**（蜀山**《しょくさん》**人**《じん》**）**（p140）の『虚言八百万八伝《うそはっぴゃくまんぱちでん》』を刊行した。

キーワード
朋誠堂喜三二
（1735～1813年）

朋誠堂喜三二は旗本の家臣の子として生まれたが、出羽国《でわのくに》秋田藩の江戸藩邸詰めの平沢家の養子に入った戯作者。狂歌師としては「手柄岡持《てがらのおかもち》」の号がある。芝居を好み遊里《ゆうり》（遊郭）に出入りし、若い頃は「宝暦の色男」を自称。藩の留守居役《るすいやく》筆頭という立場をうまく利用し、社交性に富んでいた。9歳下の親友・恋川春町とともに黄表紙を牽引した売れっ子。

［蔦重を取り巻く作家と絵師たち］

耕書堂の躍進を支えた北尾重政・喜多川歌麿・山東京伝

二刀流の若手スター・山東京伝の登場

版元の仕事は、**作者**に企画を提案。執筆を依頼し、草稿《そうこう》や墨一色の下絵《したえ》をもらうことから始まる。次に**絵師**に版下絵《はんしたえ》を描かせ、それが問屋仲間の検閲《けんえつ》を受け（詳しくはp180）、ゴーサインが出れば**彫師**《ほりし》が文章や絵を版木《はんぎ》に逆向きに彫り、校正を入れて修正を加えていく。そして、完成した版木を**摺師**《すりし》が紙に刷り、製本する。これが江戸時代の出版物制作の流れである。

ここでの蔦重の仕事はゼロから企画を立て、「作者・絵師・彫師・摺師」などを手配し、全体責任を負って作品を生み出すという**出版プロデューサー**、すなわち**制作責**

任者である。また、作者や絵師とともにアイデアを出し合い、細かく修正を加えていく**出版ディレクター、**すなわち**編集者**でもあった。

そこで大事なことは、いつでも文を書き、絵を描いてくれる外部の作者や絵師を押さえておき、自前の彫師や摺師を抱えておくこと。作者や絵師に関しては、現代と同様に必要であれば専属契約もしたはずだ。

蔦屋は屋号なので、蔦屋重三郎は喜多川（北川）重三郎でもある。天明元（1781）年、p43で触れたとおり苗字が同じで、蔦屋で居候状態にあった絵師の北川豊章《きたがわとよあき》に「うた麿」名義で黄表紙『身貌大通神略縁起《みなりだいつうじんりゃくえんぎ》』の挿絵を描かせ、以来、耕書堂お抱えの絵師となった。それが**喜多川歌麿**である。

その後、彼は『画本虫撰《えほんむしえらみ》』『潮干《しおひ》のつと』『百千鳥狂歌合《ももちどりきょうかあわせ》』などの狂歌絵本《きょうかえほん》を次々と発表していった。

また、蔦重は初めての刊行物『一目千本』の挿絵を描いてくれた11歳上のベテラン絵師・**北尾重政**《きたおしげまさ》（p120）を専属扱いしたが、重政は歌麿の師のような存在だった。

その彼らが耕書堂を支える2本柱となったのである。

山東京伝『江戸生艶気樺焼』

黄表紙の代表的な作品として知られ、1785年に耕書堂から出版された。上中下の三巻からなる。（国立国会図書館）

一方、版元にとって作者と絵師を兼任できて、かつ人気のある若手はより貴重である。蔦重にとって、野球に例えれば「主砲でエース＝二刀流の若きスター的な存在」が、11歳下の洒落本・黄表紙作家であり絵師の**山東《さんとう》京伝《きょうでん》**（p142）であった。

山東京伝は10代後半に『お花半七開帳《はなはんしちかいちょう》利益札《りやくの》遊合《めくりあい》』でデビューし、数々の作品を経て、天明2（1782）年、21歳のときに発表した『御存《ごぞん》知商売物《じのしょうばいもの》』が太田南畝《おおたなんぽ》らに絶賛されてスターダムに乗った。

同年末、その2年前から朋誠堂喜三二らを作者に黄表紙を刊行して好調だった蔦重は、吉原で酒宴を開き、戯作者《げさくしゃ》・狂歌師・絵師らを集め宴《うたげ》を開いた。そこに京伝も招かれ、付き合いが始まったようだ。

その2年後、蔦重は山東京伝の耕書堂からの第一作として、作品集『吉原《よしわら》傾城《けいせい》新美《しんび》人合《じんあわせ》自《じ》筆《ひつ》鏡《かがみ》』を刊行した。以後、教科書にも載っている黄表紙の名作『**江戸《えど》生《うまれ》艶気《うわきの》樺焼《かばやき》**』や洒落本（遊里《ゆうり》文学《ぶんがく》）の頂点とされる『**通言《つうげん》総籬《そうまがき》**』などを刊行し、20代半ばで京伝の名声は不動のものとなった。

キーワード

大田南畝（蜀山人《しょくさんじん》）

（1749～1823年）

幕府の御家人だった大田南畝は「四方赤良《よものあから》」の名で狂歌を、「寝惚先生《ねぼけせんせい》」の名で狂詩を、「山手馬鹿人《やまのてのばかひと》」の名で黄表紙・洒落本・滑稽本などの戯作を発表。批評家でもあった多才な人物だ。耕書堂刊行の作品群を好意的に批評された礼をいうため自宅に訪ねてきた、ほぼ同世代の蔦屋重三郎と意気投合し、何度も酒席をともにしつつ相談に乗っていた。同門の狂歌師に朱楽菅江《あけらかんこう》がいる。

［天明年間に巻き起こった狂歌ブームと蔦重］

みずからを「蔦唐丸《つたのからまる》」と名乗り狂歌《きょうか》ブームを牽引する

狂歌師となった蔦重は「吉原連《よしわられん》」を創設

天明3（1783）年、『吉原細見』の独占出版の権利を得た33歳の蔦屋重三郎は、吉原を出て**日本橋通油町《とおりあぶらちょう》**に進出する。蔦重は、鱗形屋孫兵衛、鶴屋喜右衛門《つるやきえもん》ら江戸で定評のある地本問屋（地本屋）、上方から進出してきた須原屋茂兵衛《すはらやもへえ》のような書物問屋（書物屋）と肩を並べる存在になった。

ちょうどその頃、天明年間（1781~1789年）の江戸では**狂歌ブーム**が絶頂期を迎えていた。狂歌《きょうか》とは、諧謔《かいぎゃく》（ユーモア）や滑稽《こっけい》（おもしろいこと）を詠み込む通俗的な短歌をさす。

狂歌を詠む人々は、**「連《れん》」**と呼ばれる集団を組織して活動した。

唐衣橘洲《からごろもきっしゅう》の「四谷連《よつやれん》」、朱楽菅江《あけらかんこう》の「朱楽《あけら》連《れん》」、四方赤良《よものあから》（大田南畝）の「四方連《よもれん》」など、10を超える連が存在し、中心となったこの3名を「天明狂歌の三大家」と呼ぶこともある。

蔦重は、狂歌ブーム絶頂期にみずからを**「蔦唐丸」**と名乗り、「狂歌師」すなわちプレイヤー（作家）となって狂歌の世界に飛び込んだ。

それゆえ、蔦重は他の版元にはなかった狂歌師たちとの人脈を持つことができ、狂歌本で鎬《しのぎ》を削っていた出版業界において、圧倒的に有利な立場を得たのである。

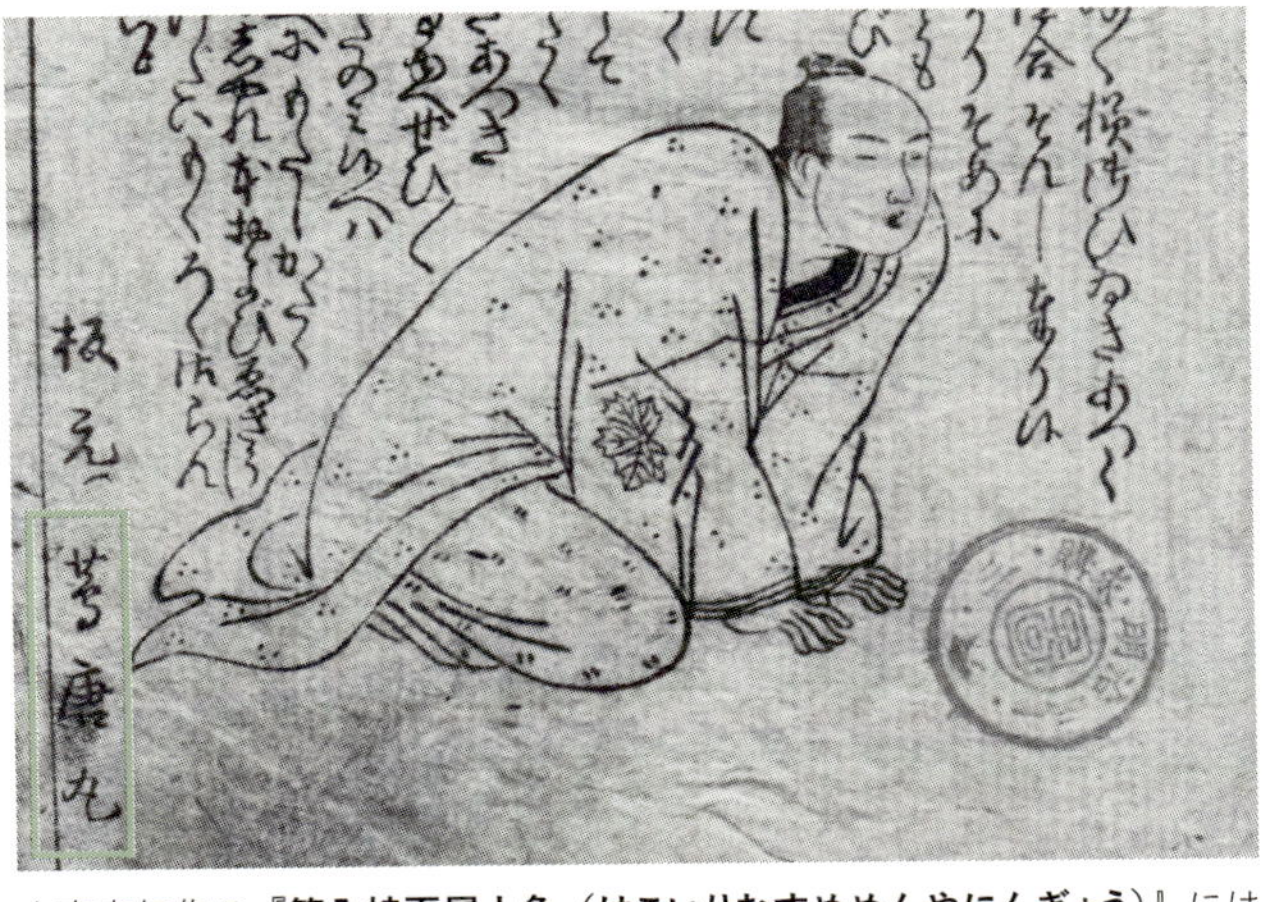

山東京伝作の**『箱入娘面屋人魚（はこいりむすめめんやにんぎょう）』**には蔦屋重三郎の姿が描かれている。左下には蔦重の狂歌師名である「蔦唐丸」が記されている。（国立国会図書館）

財力のあった蔦重は、四方赤良と宿屋飯盛《やどやのめしもり》（石川雅望《いしかわまさもち》）の師弟、朱楽菅江の連に接近し、各所に狂歌師たちを集め、舟遊びや女郎遊びを主催した。そして、その場で狂歌を詠み、その歌を本にして刊行するという斬新な手法をとったのである。

これにより新たな「吉原連《よしわられん》」が生まれた。

狂歌師は戯作者を兼ねることも多かったので、黄表紙や洒落本の刊行もまた、多数の狂歌師と付き合うことで、仕事がやりやすくなっていったのである。

ブームというものはそのうち沈静化するものだが、幅広い交友関係により「作者・絵師・彫師・摺師」を自前で用意できた蔦重は、狂歌師の狂歌と浮世絵師の絵をコラボレーションさせ、新たな書籍ジャンルとして「狂歌絵本」を生み出し、狂歌ブームを維持していった。

このように、新分野を開拓するディレクターたる蔦重とともに、優れたマネジメントを行う経営組織管理者としての蔦重にも注目したい。

絵師の喜多川歌麿も「筆綾丸《ふでのあやまる》」という狂歌名で吉原連に参加し、戯作者の山東京伝も「北尾政演《きたおまさのぶ》」の名で絵師を務めるなど、蔦重のもとには黄表紙・洒落本・浮世絵・

狂歌・川柳といった出版につながる多芸多才な人材が集結し、メディア王へのし上がる準備は整ったといえる。

キーワード

石川雅望

(1754〜1830年)

江戸で旅籠屋《はたごや》を営む国学者。狂歌名を宿屋飯盛といい、四方赤良すなわち太田南畝(蜀山人)の弟子で、のち鹿都部《しかつべの》真顔《まがお》・頭光《つぶりのひかる》・馬場《ばば》金埒《きんらち》とともに「狂歌四天王」と呼ばれる。太田南畝とともに蔦屋重三郎の相談役となり、狂歌・狂詩の撰者・評者として耕書堂から多数の狂歌絵本を刊行した。

川柳

短歌(5・7・5・7・7)の形式を使う狂歌ではなく、俳句(5・7・5)の形式で諧謔《かいぎゃく》や滑稽を読み込んだもの。柄井川柳《からいせんりゅう》らの作品集『誹風柳多留《はいふうやなぎだる》』が有名。

［寛政の改革と出版統制の時代］

幕府の政策を戯作《げさく》で風刺し茶化した蔦屋重三郎のチャレンジ

弾圧を受けた朋誠堂喜三二が戯作者から引退

江戸時代のブランド品は酒を別にすれば、着物や装飾品、菓子などその製造元を兼ねる問屋でしか買えなかった。また、量産したところで販売網が整っておらず、支店で売る程度の話である。顧客も問屋まで歩いて行ける範囲にほぼ限られるが、それでも商品は売り切れたほうがいい。ゆえに、蔦屋重三郎が活躍した18世紀後半になると、黄表紙・洒落本など、寺子屋教育のみでも十分に読め、大衆からの需要が高かった**出版物に広告が掲載される**とともに**浮世絵自体が広告**という場合もあった。

戯作者や狂歌師、絵師として名のある朋誠堂喜三二、恋川春町、山東京伝、四方赤良（大田南畝）、宿屋飯盛（石川雅望）、北尾重政、喜多川歌麿に加え、場合によっては奇才・平賀源内にまで依頼可能な蔦重にとって、各商品の問屋がスポンサーにつくこと（広告収入）で、大量かつ多岐にわたる出版物を出せる時代が到来したといえる。しかも現代とは異なり、この時代は作家・画家という職業が確立していなかったがゆえに、彼らに謝礼を払うという発想もなく版元の取り分が多かった。

こうして蔦重はメディア王の地位にがっちり指をかけた。しかし、そんな蔦重にも落とし穴が待ち受けていた。**御上**《おかみ》**（御公儀**《ごこうぎ》**）からの弾圧・取り締まり**である。

天明7（1787）年、14歳で政治未経験の11代将軍徳川家斉の治世を迎えると、29歳の老中首座《ろうじゅうしゅざ》・将軍補佐の**松平定信**は、緩い政策をとった田沼時代からの転換を目指した。厳しい政策により幕府の権威を強め、農村復興をはかる理想主義的な改革、これが**寛政の改革**である。

定信は士風を刷新、文武を奨励し、綱紀《こうき》の粛正をはかった。厳しい倹約令《けんやくれい》に、湯屋《ゆや》（銭湯）の混浴禁止など、これまで許されていたことが許されない。窮屈な雰囲気が蔓延し、江戸の街に暮らす下級武士・町人たちの不満が高まっていった。

その頃、日本橋に進出していた蔦重は、これをビジネスチャンスととらえた。幕府の改革を真正面からは批判せず、江戸庶民の心情を代弁した戯作で風刺し、徹底的に茶化すことで爆発的なセールスを記録したのである。

蔦重が版元になった当初から、序文（まえがき）や跋文《ばつぶん》（あとがき）、遊女評判記などで世話になってきた15歳上の**朋誠堂喜三二**は、安永9（1780）年以降、耕書堂から出版された黄表紙や洒落本のヒットを飛ばしてきた。

蔦重はこのもっとも信頼する戯作者（喜三二）とともに、天明8（1788）年、**黄表紙『文《ぶん》武《ぶ》二《に》道《どう》万《まん》石《ごく》通《どおし》』**を刊行し、世に問うた。それは時代設定を鎌倉時代に置き換えているものの、

朋誠堂喜三二『文武二道万石通』
1788年、耕書堂から発売し大ヒットしたが、改革を皮肉る内容だったため幕府の怒りを買うことになった。（国立国会図書館）

内容は将軍家斉と老中定信の改革を茶化したものだった。

この作品は喜三二の親友で、人気作者・絵師の**恋川春町**（p137）が文武奨励策を題材として、他の版元から出版した黄表紙『悦贔屓《よろこんぶひいきの》蝦《え》夷《ぞ》押《お》領《し》』に比べて、忖度《そんたく》なし、切れ味抜群の問題作であったが、ベストセラーを記録した。

しかし、幕府からの叱責を怖れた外様大名の秋田藩佐竹氏（喜三二の主家）に、喜三二は叱責され、執筆を自粛して戯作者から引退した。

以後、喜三二は「手柄岡持《てがらのおかもち》」の名で狂歌師に転じる。

恋川春町が亡くなり、山東京伝も処罰される

寛政元（1789）年、喜三二の『文武二道万石通』に刺激を受けた恋川春町は、勇み立つ蔦重と**黄表紙『鸚鵡《おうむ》返《がえし》文武二道《ぶんぶのふたみち》』**を刊行した。内容は定信の教諭《きょうゆ》書『鸚鵡《おうむの》言《ことば》』のパロディで、「文武両道、文武両道」と小うるさい改革を切り捨て、これまた大評判のベストセラーとなった。

しかし、黄表紙による相次ぐ批判に激怒した定信から絶版処分を受け、さらに恋川

春町は江戸城への出頭を命じられた。しかし、彼は病気を理由にこれを辞退すると、譜代大名《ふだいだいみょう》の主家・小島藩松平氏に迷惑をかけたとして、おそらく自害したようだ（死因には諸説あり）。

一連の動きを見た幕臣の大田南畝（四方赤良）は、身の危険を感じ黄表紙・洒落本・狂歌・狂詩などの文芸活動全般を一時自粛した。

さらに寛政２（１７９０）年、幕府は８代将軍徳川吉宗が享保７（１７２２）年に出した出版統制令の増補修正という形で、５月に書物問屋仲間、10月に地本問屋仲間、11月に小売・貸本屋に対して**出版統制令**を出した。

これにより政治批判や揶揄《やゆ》は許さず、原則として書籍の新規刊行は禁止。刊行する場合は、

恋川春町『鸚鵡返文武二道』

1789年に発売されベストセラーとなるが、改革を批判した内容に幕府が激怒。のちに恋川春町が亡くなるきっかけとなった作品といわれる。（国立国会図書館）

町奉行所の許可が必要となった。そして、風俗や秩序を乱す好色本《こうしょくぼん》は絶版、速報ニュースを扱う瓦版《かわらばん》も内容を自粛する方向に入り、切れ味を失った。

しかし、蔦重は懲りない。当時、すでに**山東京伝**が3冊の**洒落本**『**仕懸文庫**《しかけぶんこ》』『錦《にしき》之《の》浦《うら》』『娼妓絹籭《しょうぎきぬぶるい》』の執筆中だった。蔦重は、幕府による出版統制の中でなんとか発売にこぎつけたものの、これが幕府の逆鱗に触れる。黄表紙のような政治批判や揶《や》揄《ゆ》ではなく、洒落本は遊里小説なので「風俗や秩序を乱す」と判断されたのである。

寛政3（1791）年、町奉行所の判決が出て、3冊の洒落本は絶版、作者の山東京伝は**手鎖《てぐさり》50日**（両手首に手鎖をはめ自宅謹慎）、版元の蔦重は身上に応じた**重過料**（罰金刑）を科せられた。

江戸でもっとも有名な戯作者と地本屋を処罰したことは、「寛政異学《かんせいいがく》の禁《きん》（幕府の聖堂学問所で朱子学以外の

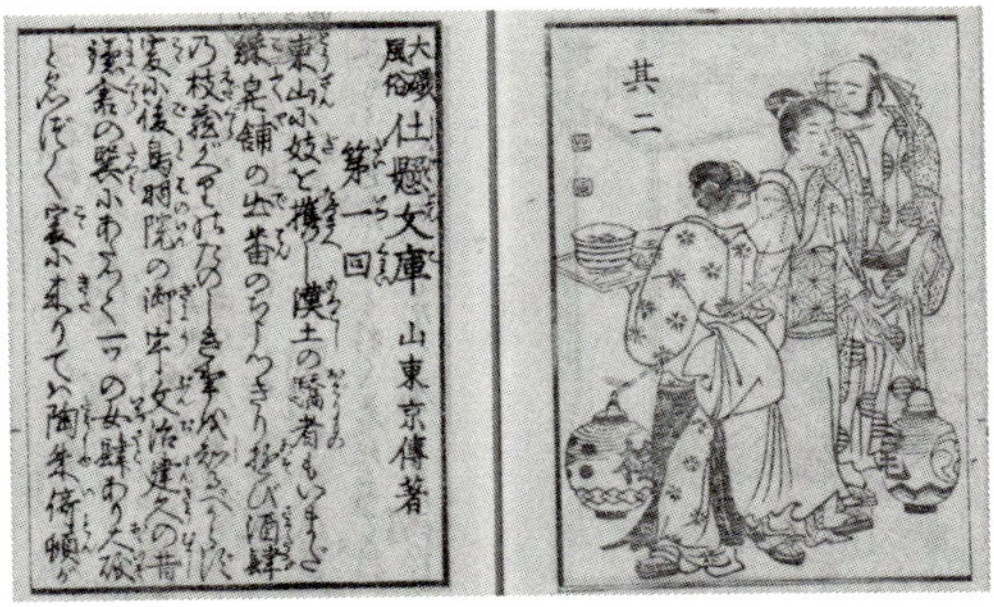

山東京伝『仕懸文庫』
1791年に発売するも幕府の出版統制令により絶版となる。このとき作者の山東京伝と版元の蔦屋重三郎が処罰された。（国立国会図書館）

講義・研究を禁止)」や林子平の処罰とともに、「寛政の改革」の思想統制の厳しさを示す事例として、すべての高校日本史の教科書に掲載されている。

キーワード

恋川春町
(1744～1789年)

駿《する》河《が》(現在の静岡県中部)出身で、小島藩松平家に仕えた武士。安永4(1775)年、黄表紙の元祖となる**『金々先生栄花夢《きんきんせんせいえいがのゆめ》』**が評判となり、以後、数十の黄表紙を書き、ほとんどの挿絵をみずから描いた。

その一方で藩士として順調に出世し、戯作者・絵師はあくまでも余技扱いだった。9歳上の親友・朋誠堂喜三二との縁もあり、天明期には蔦重の耕書堂から黄表紙を発表、酒上《さけのうえの》不埒《ふらち》という名で狂歌師としても活躍した。本業が忙しくなると執筆ペースやテンションが落ちたが、喜三二の活躍に刺激を受けて一念発起したことが命を縮めたのだろう。

【出版統制による弾圧からの復活】

次世代の育成を進めた蔦重は幻の浮世絵師「写楽」をデビューさせる

戯作・狂歌絵本から浮世絵へ

前項でも触れたとおり、寛永3（1791）年、3冊の洒落本（『仕懸文庫』『錦之浦』『娼妓絹籭』）の作者である山東京伝と版元の蔦屋重三郎、加えて発売可と判断した地本問屋の行司仲間（当番《とうばん》）2名が幕府によって処罰された。

耕書堂を経営する蔦重からすれば、幕府の出版統制によって朋成堂喜三二・恋川春町という武家出身の戯作者ツートップを失ったこともあり、町人出身の人気戯作者である山東京伝の洒落本では、あえて発禁処分ぎりぎりのところを狙ったのである。それは高収益が見込めたからで、危ない橋を渡る価値があった。

蔦重は、ほぼ確信犯であったがゆえに幕府に処罰されても意欲は衰えなかった。

幕府に洒落本の執筆を禁じられ、意気消沈していた山東京伝を激励し、代わりに（おとなしめの）黄表紙の執筆をすすめて書かせつつ、刊行物の中心を**戯作**や**狂歌絵本**から**浮世絵**へと移した。そして、書物問屋仲間に加盟して**専門書・学術書**の出版も手がけるなど、商魂たくましく新事業を手掛けていった。

とくに旧知の**喜多川歌麿**には**美人の大首絵**《おおくびえ》（上半身のみの絵）をすすめた。それまでは、永寿堂《えいじゅどう》の西村屋与八《にしむらやよはち》が売り出した、浮世絵師の鳥居清長《とりいきよなが》による全身を描いた美人画が評判であったが、蔦重は歌麿の大首絵（美人画）を刊行することで与八が創った美人画ブームを継承し、歌麿の『婦女《ふじょ》人相十品《にんそうじっぽん》』「寛政《かんせい》（江戸《えど》）三美人《さんびじん》」などを売り出すことで浮世絵界を牽引した。ただし、売れっ子となった歌麿は、他の版元からも出版

喜多川歌麿「寛政（江戸）三美人」

寛政年間（1789－1801年）に、江戸で有名だった「富本豊雛（とよひな）・難波屋おきた・高しまおひさ」の3人の美人を大首絵で描いた作品。

ColBase（https://colbase.nich.go.jp/）

の誘いが多くなり、蔦重のもとを離れることになった。

また、蔦重は**育成者（トレーナー）**としての顔も持つ。

寛政4（1792）年、山東京伝の家に居候していた武家出身の戯作者・**曲亭馬琴**《きょくていばきん》（p146）を、蔦屋の手代として雇用し**次世代の戯作者**として育成。馬琴はのちに耕書堂から読本・黄表紙・合巻などを出版し、自立して生計を立てた。

また、蔦重は**葛飾北斎**《かつしかほくさい》（p129）に京伝や馬琴作の黄表紙の挿絵を描かせるなど、**次世代の浮世絵師**として育成した。蔦重の死後、北斎は耕書堂の看板絵師となる。「耕書堂」の店舗を描いた有名な絵（p37）は『画本東都遊《えほんあずまあそび》』に収録されたもので、『**富**《ふ》**嶽三十六景**《がくさんじゅうろっけい》』は後世に世界的な知名度を誇るようになった。

寛政6（1794）年、蔦重は、幻の浮世絵師・**東洲斎写楽**《とうしゅうさいしゃらく》（p93）をデビューさせた。写楽はわずか10ヵ月の間に「三代目大谷鬼次《さんだいめおおたにおにじ》の江戸兵衛《えどべえ》（p3）」「市川鰕蔵《いちかわえびぞう》の竹村定之進《たけむらさだのしん》（p158）」などの役者絵や相撲絵など145点ほどを残し、忽然《こつぜん》とその姿を消している。

写楽の作品は現代でこそ「**役者の内面にまで迫っている**」などと絶賛されることも

あるが、当時は話題にはなってもそれほど人気はなかった。あくまでも役者絵はファンが買う「ブロマイド」なので、美しくなければ意味がない。誇張しすぎたり、リアルすぎたりすれば客が引く。

写楽の正体は謎だが、山東京伝説や葛飾北斎説、途中で作風が変化することから複数人説、果ては蔦重説まである。近年の研究では、阿波国《あわのくに》徳島藩主・蜂須賀《はちすか》氏お抱えの能役者「斎藤十郎兵衛《さいとうじゅうろべえ》」説が有力である。（p98〜を参照）。

キーワード
戯作者のギャラ事情

この当時、「作者」に原稿の対価として「版元」が作料（潤筆料《じゅんぴつりょう》）と呼ばれる金銭を支払うことは一般的ではなかった。刊行物の現物支給と、仮にそれがかなり売れたなら遊里《ゆうり》などで一夜饗応《いちやきょうおう》する程度で、戯作者は本業を持ち、副業どころか趣味の世界だった。しかし、蔦重は山東京伝に作料を支払い、京伝は他の仕事をしていなかった。完全に職業作家としての地位を確立したのは、蔦重の死後、19世紀前半に読本『椿説弓張月《ちんせつゆみはりづき》』『南総《なんそう》里見八犬伝《さとみはっけんでん》』が大当たりした曲亭馬琴が最初で、彼は京伝を師と仰ぐが弟子入りを断られたため弟分のような付き合いだった。

キーワード
相撲

日本神話に登場する相撲は厳粛な神事《しんじ》、中世は力比べの要素が強く、興行として成立したのは江戸時代だ。その始まりは寺社の造営・修繕《しゅうぜん》費用を興行収入で賄う名目で開催された勧進《かんじん》相撲である。現代でも番付表に「蒙御免《ごめんこうむる》」とあるのは、寺社奉行の許可を得たことを示す江戸時代の名残りだ。神事でもあるので女性は観覧できなかった。人形浄瑠璃や歌舞伎とともに人気を集めたが、相撲は勝敗がつくことから観客の間で喧嘩が絶えず、一時は禁止となった。しかし、無許可の辻相撲《つじずもう》が流行し、市中の治安が悪化したため、幕府は勧進相撲を再開、18世紀後半からは江戸・本所《ほんじょ》の**回向院**《えこういん》（現在の墨田区両国2丁目）での開催が定着し、春秋2場所の定期開催に落ち着いた。

【江戸のメディア王の死】

脚気《かっけ》を患い寝たきりとなった蔦重は47歳で最期を迎える

みずからの死を予告し番頭に後を託す

出版統制令で幕府から処分を受けた翌年の寛政4（1792）年、自分のもとに呼び寄せていた実母が亡くなるなど、公私ともに大変だった時期を乗り切った蔦屋重三郎は地本問屋に加え書物問屋としても確実に事業を拡大。武士・町人出身の戯作者・狂歌師・浮世絵師らのプロデュースも続け、新人も育成していった。そして、戯作からシフトチェンジして力を入れた浮世絵が大当たりし、寛政の改革後には娯楽の世界でも完全復活。名実ともに**江戸の「メディア王」**となった。

東洲斎写楽を一気に売り出した寛政6（1794）年、のちに滑稽本『東海道中《とうかいどうちゅう》膝栗毛《ひざくりげ》』で有名になる**十返舎一九**《じっぺんしゃいっく》（p144）も、耕書堂に一時寄宿し用紙加工や挿絵《さしえ》描きをしており、翌年に黄表紙作家としてデビューしている。

しかし、寛政8（1796）年の夏、蔦重は「江《え》戸《ど》患《わずら》い」とも呼ばれた脚気にかかり、寝たきりとなってしまう。当時の江戸では、玄米や雑穀よりも白米を食べる習慣が広まり、脚気の原因とされるビタミンB1が不足したといわれる。

寛政9（1797）年5月6日、容体が悪化し死期を悟った蔦重は、自分は正午で死ぬだろうと予告し、蔦屋の今後について番頭たちに指図をした。

十返舎一九『奇妙頂禮胎錫杖（きみょうちょうらいこだねのしゃくじょう）』
耕書堂を版元として、1795年に刊行した十返舎一九作画による三巻黄表紙。この写真は三巻のうちの下巻。（国立国会図書館）

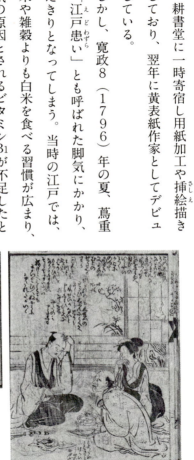

しかし、予告した時刻を過ぎても死なないので「遅いね」などと笑いつつ、夕刻に亡くなった。享年47。当時の平均寿命と同じほどの人生を力強く生き、吉原に近い山《さん》谷《や》の正法寺《しょうほうじ》に葬られた。

耕書堂の身代《しんだい》（財産）は、**番頭の勇助《ゆうすけ》**が**二代目蔦屋重三郎**として継ぎ、出版プロデューサーとして以後も活躍する。

キーワード
商家の構成員

商家では**丁稚《でっち》**として無給の住み込み奉公に上がり、**手代《てだい》**を経て**番頭**になると自立して所帯を持つこともできる。のれん分け（屋号分け）を受けて分家として開店する者もいた。商家においては、正月明けとお盆の「藪入《やぶい》り」だけが休日だった。

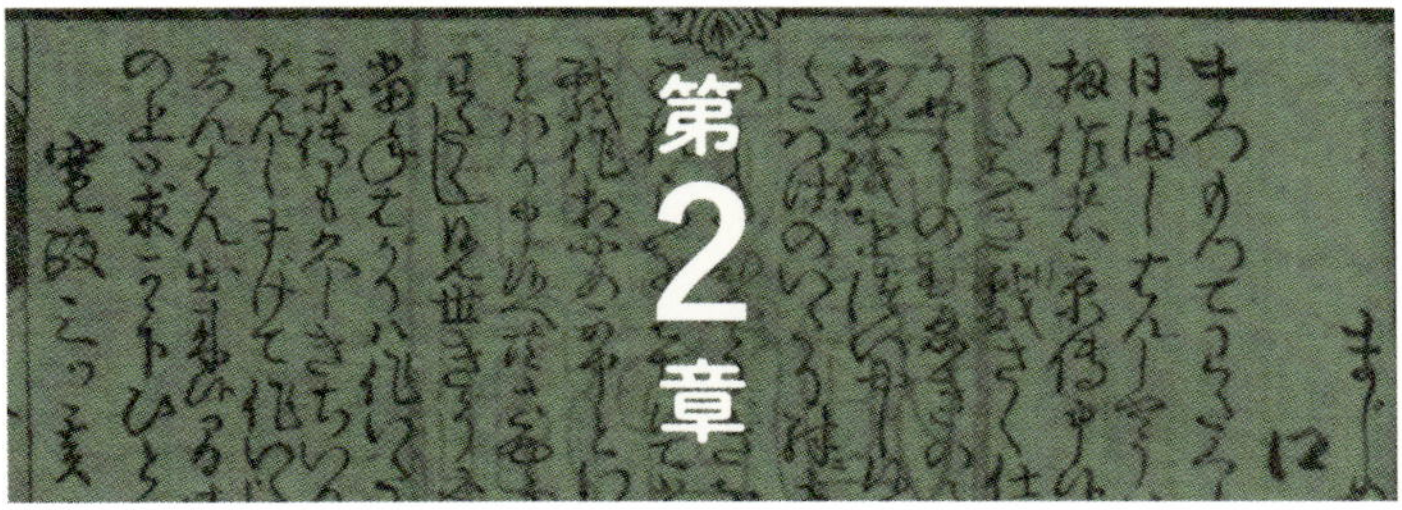

第2章

敏腕プロデューサー「蔦重」のすごさ

【江戸のメディア王が誕生した鍵】

蔦屋重三郎を成功へ導いた7つのキーワード

みずからの出身地や家庭事情を活かした

蔦屋重三郎は、現代社会では「ガチャ」と呼ばれるような、**みずからは選べない偶発的要素**を前向きに活かし、たくましく成り上がっていった人物だ。

まず彼は「吉原の遊郭で育った」という**「出自」**を活かした。吉原の出身ということから、「蔦重さんは、誰よりも公娼街《こうしょうがい》に詳しい人間に違いない」と思われることで、吉原細見《よしわらさいけん》本の編集や出版に説得力が出る上、販路の拡大も容易であった。

安永3（1774）年の遊女評判記《ゆうじょひょうばんき》『一目千本《ひとめせんぼん》』の刊行に始まり、翌年の吉原細見本への本格参入から10年と経たない天明3（1783）年、細見本は耕書堂の独占出版となった。

江戸時代の結婚は家や親が決めるものだったが、その点で蔦重が生まれ育った吉原は「自由に恋愛ができる」という特殊な場所だった。だからこそ、男たちは遊女や遊女屋選びに真剣だった。ゆえに蔦重の細見本は売れたのである。

吉原細見本のみならず、蔦重は黄表紙や洒落本の戯作や狂歌絵本の版元として確固たる地位を築いていく過程で、吉原の遊女屋に戯作者・狂歌師らを集めて接待する。それも吉原出身だからこそ自然だったといえるし、顔も利いたことだろう。

次に蔦重は、「7歳のときに両親が離縁して、引手茶屋へ養子に出た」という「**家庭の事情**」を活かした。

吉原唯一の出入口であった「大門口《おおもんぐち》近く」という好立地にあった義兄の茶屋の軒先を借りて、「小売」の小商いからスタート。それを軌道に乗せると、翌年以降「卸売」「貸本」「版元」へと事業を拡大していった。今も昔も、商売で特に大事なのは立地である。

また、この成功を期に日本橋に進出する際、両親を呼び戻したことも度量の大きさを示す「いい話」として評判になっていたはずだ。

競合相手の失敗や流行を活かし成り上がる

そして、蔦重は「競合相手の失敗」を活かした。吉原細見に関する本は、当初、鱗《うろこ》形屋孫兵衛《がたやまごべえ》の鶴鱗堂《かくりんどう》版が有名で、蔦重の耕書堂はその小売や編集を請け負っていたにすぎない。しかし、鱗形屋の手代が起こした重板事件《じゅうはんじけん》で出版が一時停止となった間隙を突き、蔦重は版元の事業に乗り出している。

また、蔦重は江戸における「流行（ブーム）」を活かした。安永期（1772～1781年）には、唄浄瑠璃《うたじょうるり》の富本節《とみもとぶし》が大流行し、蔦重は唄浄瑠璃の正本・稽古本の出版を手掛けている。また、天明期（1781～1789年）には狂歌が大流行したが、蔦重は狂歌と浮世絵を合わせた「狂歌絵本」の出版を手掛けている。

さらに蔦重は「業界への弾圧」をも活かした。寛政の改革による出版統制令の影響で、戯作の黄表紙や洒落本が弾圧されて発売禁止処分となり、狂歌絵本も一時的に停滞し苦しい立場となった。しかし、蔦重は浮世絵や専門書、学術書に活路を見出し、弾圧前に劣らず話題となっている。

時代背景を見事に活かしたことが成功につながった

そして、蔦重は最終的に「みずからの死」までも活かした。現代でもいえることだがカリスマ経営者のいる有名企業の世代交代は難しい。また、蔦重は特段長生きしたわけではなく、当時の平均寿命程度の年齢で亡くなっている。しかし、死を前にして「二代目蔦屋重三郎」たる番頭の勇助に店舗や版権をスムーズに移行したことで、その死後も蔦屋の屋号は隆盛を極めていった。

ここまで蔦重の「成功のひみつ」をいくつか挙げたが、総じていえることは「時代背景」そのものを活かしたことだ。耕書堂を創業した安永元（1772年）は側用人の田沼意次が老中を兼任し「田沼時代」が本格的に始まった。「年号は安《やす》く永《なが》しと変はれども諸色高直今《しゅしきこうじきいま》にめいわ九《く》」（p42）と狂歌《きょうか》に詠まれるような世相だった。江戸の人々は物価高に振り回されながらも、ゆるい世を謳歌して、出版業界は隆盛を迎える。その後、6年限定の「寛政の改革」で、世は引き締められ出版業界は弾圧されるが、その反動で改革を放棄した50年間におよぶヤケっぱちの「大御所政治」が始まり、出版業界はさらなる全盛期へ驀進する。その初期に蔦重は出版業界の土台を築いた上で亡くなっている。以上のことは運や縁ではあるが、偶発的なマイナスの出来事が起きた不運のときにこそ、それをプラスの幸運に変える明るさや新しい発想、一度つかんだ縁《えん》を離さない握力の強さが、吉原というグレーゾーン出身の一庶民だった蔦重を成り上がらせたポイントであろう。

蔦重の成功に隠された7つのキーワード

① 「出自」を活かした
② 「家庭の事情」を活かした
③ 「競合相手の失敗」を活かした
④ 「流行（ブーム）」を活かした
⑤ 「業界への弾圧」を活かした
⑥ 「みずからの死」を活かした
⑦ 「時代背景」を活かした

【蔦重の人材登用・人材発掘・人材育成法】

年長者に礼を尽くして信用を得て次世代を育て積極的に登用する

蔦重を支えた年長者との付き合い

企画編集・制作を行う版元でありながら、卸売問屋や小売として流通の末端にまで関わった蔦屋重三郎は、その存在感が増すにつれて、広告や宣伝を含めた「総合メディアプロデューサー」としての顔を強めていく。

そうなると、事業を広げていくには、**すでに名声のある戯作者・狂歌師・絵師**にとの関係を深めつつ、（彼らからの紹介を含めて）**新人を発掘**し、さらに未来の**人材を育成**していかなければならない。そのため、22歳のときに起業した町人出身の蔦重は、武士や町人の**年長世代**たちとうまく付き合っていく必要があった。

旗本の家に生まれ、秋田藩士の養子となった15歳上の**朋誠堂喜三二**（p135）は、蔦重の恩人といえる。マルチな才能があった彼なくして商売が軌道に乗ることはなかった。安永6（1777）年、すでに洒落本や黄表紙を他社から出版していた喜三二に、蔦重が華道書『手毎《てごと》の清水《しみず》』の序文と跋文《ばつぶん》を依頼したのが関係の始まりだった。吉原に店を構える蔦重と、江戸藩邸の留守居役として吉原にて幕府や他藩との交流が盛んだった喜三二は、WIN－WINの関係にあったはずである。

そして、**恋川春町**（p137）もまた小島藩出身の武士で、蔦重より6歳上だった。天明3（1783）年、親友だった朋誠堂喜三二と関係が深い耕書堂から『猿蟹遠昔《さるかにとおいむかし》噺《ばなし》』（p138）を刊行して以来、蔦重との交流が続いた。

町人出身では、日本橋小伝馬町の本屋の子に生まれた11歳上の北尾重政が、版元と

蔦重が重用した年長者

浮世絵師で戯作者の**恋川春町**は6歳年上。

戯作者の**朋誠堂喜三二**は15歳年上。

蔦重の同世代

浮世絵師の**喜多川歌麿**はほぼ同世代。　狂歌師の**大田南畝**は１歳年上。

しての蔦重のデビュー作となった『一目千本』（ｐ39）以来、耕書堂の挿絵を支えた絵師で、かつ往来物の作者でもあった。浮世絵師として喜多川歌麿や弟子の山東京伝（北尾政演《きたおまさのぶ》）や鍬形蕙斎《くわがたけいさい》（北尾政美《きたおまさよし》）に大きな影響を与えている。このような年長世代が蔦重に快く協力してくれたからこそ、耕書堂は成功したといえる。これは蔦重が彼らに礼をつくし、当時余技扱いだった戯作や浮世絵を作品として評価することで、人間的に信用を得ていた証拠だろう。

個々ににやり方をかえ人材の育成を行った

蔦重の**同世代**といえば、御家人出身にして狂歌師の**大田南畝**（ｐ１４０）が1歳上、旅籠屋の子に生まれた狂歌師の宿屋飯盛《やどやのめしもり》（石川雅望《いしかわまさもち》）が3歳下で、遠縁の可能性もある**喜多川歌麿**（ｐ１２３）もそのあたりだ。南畝と飯盛は狂歌師集団を率いて蔦重と密接な関係を持ち、狂歌絵本のヒットなど蔦重の商売の安定に大きく貢献した。そのとき、蔦重はみずから狂歌師となり「連」に加わることで信用をつかんだ。それに対して、同世代の歌麿は蔦重の束縛を嫌ったか可能性を試したかったのか、ライバル店に移った時期もあったが、同じ喜多川（北川）という苗字を持ち、世話をしてきた旧知の才能ある絵師だった。そこで、蔦重から離れつつあった歌麿に対抗させるため、出自や年齢が不明の**東洲斎写楽**（p93）**をプロデュース**し、それによって大首絵という浮世絵のジャンルが大いに盛り上がったことは結果オーライだった。

また、**次世代**としては質屋の子だった**山東京伝**（p142）が11歳下で、出自不明の**葛飾北斎**（p1

蔦重が育てた次世代

浮世絵師で戯作者の**山東京伝**は11歳年下。

浮世絵師の**東洲斎写楽**は生年不詳だが次世代といえる。

29）もそのあたり。地方武士出身の**十返舎一九**（p144）が15歳下、武家奉公人出身の**曲亭馬琴**（p146）が17歳下となる。

蔦重がぜひとも押さえておきたかった人気作家・絵師が京伝だ。寛政の改革による弾圧後も、蔦重は京伝を叱咤激励して戯作者・絵師を続けさせた。また、北斎は歌麿や写楽の次世代として期待していた絵師で、十返舎一九や曲亭馬琴は作者として独立するまで仕事を振り面倒を見るという関係だった。

以上のように、蔦重は世代や出自、みずからとの関係性に応じ、個々別々のやり方で人材登用・発掘・育成を行った。蔦重はさまざまな人間に信用されるだけの才知や度量があり、信義や筋《すじ》を通せる魅力的な人物だったと想像できる。

戯作者の**曲亭馬琴**は17歳年下。

戯作者の**十返舎一九**は15歳年下。

浮世絵師の**葛飾北斎**は生年不詳だが山東京伝の同世代。

【自己認識力が支える蔦重の自己プロデュース力】

世間の味方「蔦重」という粋な男を演じ、江戸の人々の心をとらえた

吉原の人々から信頼を得るための自分を演じる

蔦屋重三郎は、**「蔦重」という役を演じ切る人生**だった。

彼が生まれ育った吉原は、そもそも嘘を含む色恋を売る場所。買う側も、それが僧侶なら医者に化けるために羽織を着ていったほどだ。

また、元吉原から移転した際、新吉原には従来の昼営業にくわえて、夜営業の許可が幕府から出ていた。当時は江戸郊外の比較的に寂しい場所だったということもあり、

昼だけでは娼家《しょうか》が成り立たなかったからである。

吉原の表玄関の大門《おおもん》は、千客万来《せんきゃくばんらい》の意味を込めて昼夜開けっ放しで、1年のうち休日は元日と7月13日のみだった。

両親の離縁という事情で、7歳から引手茶屋「蔦屋」を営む喜多川（北川）家に養子に出された丸山柯理（蔦重の幼名）は、吉原遊女と同じように虚像としての「蔦屋重三郎」を昼夜を問わずフル稼働で演じたのではないだろうか？

彼は**自己認識力**と**自己プロデュース力**に長けていた。

下級町人、しかもグレーゾーンの吉原出身だ。普通のことをしていたのでは、日の当たる場所で堂々と活躍できない。

その頃の吉原は江戸唯一の公娼街《こうしょうがい》であり、大名や幕臣（旗本・御家人）、藩士、武家奉公人、大商人の主人から番頭・手代、裏長屋に暮らす一般庶民まで、あらゆる階層の男が通う交差点のような場所だった。

そこで、すべての男に気に入られるだけの度胸と愛嬌をもって、教養と人脈を得ることができればチャンスである。さらに、吉原の遊郭内で主導権を握る遊女・女将《おかみ》・

遣手婆《やりてばば》などの女性たちを、惚れ惚れさせるような「粋人《すいじん》・通人《つうじん》」たる雰囲気を纏《まと》えばますます強い。その出自から決して有利ではなかった蔦重が、立身出世のためにとった手法は、吉原という地に集まった人々から信頼を得ることだった。

「みんなの味方！　蔦重」を演出する

さまざまな身分が集う吉原を商圏としてスタートした蔦重は、あらゆる客層に気に入られるチャンスに恵まれていたともいえる。だからこそ、マニアックな吉原細見本の出版から脱皮し、地本問屋（地本屋）として浄瑠璃本・黄表紙・洒落本・往来物・狂歌絵本・浮世絵の出版に打って出て、日本橋にも進出。さらに、幕府の弾圧を受けたのちに、書物問屋（書物屋）として学術書・専門書の出版にまで手を広げた。そのとき、本に掲載した有名戯作者・絵師たちによる各商店・商品の広告は、文人墨客《ぶんじんぼっかく》や大衆に「何でもやる」蔦重の名を大いに広めてくれたことだろう。

さらに、幕藩体制において参勤交代が行われていたことから、大名たちは江戸に1年、国元に1年暮らしていた。蔦重の評判は、江戸の藩邸（上屋敷《かみやしき》・中屋敷《なかやしき》・下屋《しもや》敷《しき》）において、大名や藩士たちに共有されるとともに、全国へ広がる可能性もあった。上級武士たちは今でいう**貴重なインフルエンサー**であった。

江戸時代前半に、出版業界の主導権を握っていた上方（京都・大坂）の版元たちにとっても、江戸時代の中期以降、経済の中心が江戸に移っていく中で、圧倒的な勢力を誇る蔦重の耕書堂が大きな脅威となった。

ゆるい「田沼時代」を経た厳しい「寛政の改革期」という幕政を背景に、庶民にとって心理的な仮想敵《かそうてき》である御上《おかみ》（御公儀《ごこうぎ》）にあえて逆らい、処罰を受けたことも、**「みんなの味方！ 蔦重」**を自己プロデュースする上で結果的に正解だった。

また、自分を養子に出した両親を呼び戻して養ったり、一時は離れていった喜多川歌麿を許したり、若手作家の曲亭馬琴や十返舎一九の面倒を見たりしたことも世間には好印象を与えた。文人たちを豪快に接待し、みずから狂歌師として連に加わるなど、話題作りにも事欠かない。このような「生きざま」を見せつけて築いた身代（財産）に恋々とせず、すっぱりと番頭にすべてを譲る晩年も含め、メディア王による「蔦重」という一幕芝居は、40年間にわたり千両役者を得たのである。

【波瀾《はらん》万丈《ばんじょう》の人生と危機管理術】

ピンチのあとにはチャンスあり！危機を脱して再起した蔦屋重三郎

吉原復興の顔役になる

小説や映画、ドラマでも他人の人生は**波乱万丈**なほうが見応えがある。その点で蔦屋重三郎の人生は涙あり笑いあり、ドキドキハラハラの連続で人を魅了する。しかも**舞台設定は遊郭の吉原**である。

蔦屋重三郎はどんなときでも事業欲という**「熱い思い」**と、常に自分が置かれた立場を理解できる**「冷静さ」**を兼ね備えていた。

江戸時代中期、江戸の街は大いに発展し、各所に「夜鷹《よたか》・船饅頭《ふなまんじゅう》」と呼ばれる幕府の許可を得ずに営業していた私娼《ししょう》が出没。東海道の品川、中山道の板橋、甲州街道の内藤新宿、日光・奥州街道の千住の「四宿」と呼ばれた宿場町でも、「飯盛女《めしもりおんな》」と呼ばれる私娼を抱えて賑わっていた。さらに深川の私娼街が人気になった頃、公娼街たる吉原は勢いを失っていた。

その吉原で暮らしながら耕書堂を営む若き蔦重は、危機感を抱いた遊女屋や引手茶屋の主人・女将たちとともに宣伝や広報面で吉原復興のキャンペーンを担い、吉原の顔役の一人と目されるようになる。

そして、独占販売をするようになった『吉原細見』以外にも、黄表紙・狂歌絵本・浮世絵などを大量に刊行していった。ちなみに広告を掲載した戯作や浮世絵を刊行する際のポイントは、いかに人気が高い作者（戯作者、狂歌師、絵師など）を押さえているかという点だ。人気作家の本や絵に広告を出してもらい、本とともに広告した商品が売れればさらに広告収入が入る。逆なら二度と広告は入らない。これは現代の雑誌と同じである。

絶頂期を迎えたときに落とし穴が！

蔦重は、執筆陣を集めて吉原で華やかな接待を繰り返した。そこで、新たな作者や絵師を発掘したり紹介されたりして、耕書堂の執筆陣としてグループ化したのである。グループが巨大化していく過程で、派閥もできれば、若手の台頭や実力者の途中参加によって古参者と軋轢《あつれき》を生むこともあっただろう。他の版元から引き抜かれ義理を欠く者もいたに違いない。しかし、グループ拡大のスピードがそれらを上回っていれば問題にならない。パズルのピースが欠ければそこに違うピースを埋めていけばよい。「田沼時代」を背景に、それだけの勢いを、蔦重は持っていたはずだ。

その後、蔦重は政治と経済の中心地「**日本橋**」**に進出**しメディア王の地位を確立していく。武士や上層町人からなる文人墨客のネットワークを持ち、大衆事情にも通じていた蔦重は絶頂を迎えたかに見えた。しかし、そこには**落とし穴**が待ち受ける。それは「寛政の改革」による出版統制の強化である。ここが伸《の》るか反《そ》るか大勝負のとき。厳しすぎる幕府の改革に不満を抱える江戸市民の代弁者的な存在となって御上《おかみ》に立てつくか、長い物には巻かれるかである。ここで彼は、あえて前者の立場を選んだ。結果は、おわかりのとおり、幕府から処罰を課せられ、この勝負は負けたように見えた……。

しかし、蔦重は最終的に勝利する。それまで主力だった戯作本や狂歌絵本から浮世絵や専門書・学術書へシフトチェンジすることで新たなブームを創り出したのである。しかも「寛政の改革」は、蔦重らが弾圧を受けた二年後に松平定信の失脚で幕を閉じた。このとき息を吹き返した戯作者や狂歌師は、より大衆的な作品を世に送り出し「田沼時代」を上回る勢いで出版業界は活気づいた。

蔦重は次世代の戯作者や浮世絵師、あるいは経営者を育てている最中に、あっけなく亡くなってしまう。引き際も見事だった。

その後、江戸文化史の頂点とされる、化政文化《かせいぶんか》が現出する。風刺や皮肉で憂《う》さを晴らし、幕藩体制の動揺という現実を直視し、批判的な精神に満ちる幅広い階層の市民が担った文化だ。そこでは、美意識としての「粋《いき》」や「通《つう》」が重視される。それは**粋で通だった蔦重の「筋書き通り」**だったようにも見える。

【日本の出版・広告業界の元祖が誕生】

軽視されていた大衆文学や絵画をべらぼうな熱量で事業化し成功する

寺子屋《てらこや》教育が普及し大衆文学は一気に花開く

日本における文学の発生は、奈良時代の歌集『万葉集《まんようしゅう》』（8世紀後半）と漢詩集『懐風藻《かいふうそう》』（751年）などが有名だが、古代文学といえば、平安時代の『竹取物語《たけとりものがたり》』『伊勢物語《いせものがたり》』（ともに9～10世紀頃）や、それを受けた『源氏物語《げんじものがたり》』、随筆の『枕草子《まくらのそうし》』

（ともに11世紀の初め）である。それ以前の律令《りつりょう》国家成立期に作られた『古事記《こじき》』（７１２年）、『日本書紀《にほんしょき》』（７２０年）という歴史書、『凌雲集《りょううんしゅう》』（８１４年）、『古今和歌集《こきんわかしゅう》』（９０５年）といった勅撰《ちょくせん》漢詩集・和歌集の編纂《へんさん》は国家的事業であり、摂関政治期《せっかんせいじき》の『御堂関白記《みどうかんぱくき》』『小右記《しょうゆうき》』（ともに11世紀前半）のような日記は、子孫に年中行事の経緯を残すためのものにすぎなかった。そもそも、これらは皇族・貴族や寺社勢力の人間にしか「読めない」ものだった。それが古代文学の特徴である。

それに対して、説話文学『今昔物語集《こんじゃくものがたりしゅう》』（12世紀）、歴史物語『平家物語《へいけものがたり》』（13世紀）、『太平記《たいへいき》』（14世紀）、随筆『方丈記《ほうじょうき》』（１２１２年）、『徒然草《つれづれぐさ》』（14世紀前半）、あるいは室町時代に**絵入りの御伽草子《おとぎぞうし》**などが登場すると文学の大衆化が進み、徐々に多くの人が「聞ける、読める」時代となっていった。

寺子屋における「読み・書き・そろばん」教育が普及する江戸時代になると、大衆文学は一気に花開く。寛永期（１６２４〜１６４４年）に絵入りの**仮名草子《かなぞうし》**、元禄期（１６８８〜１７０４年）に絵入りの**浮世草子《うきよぞうし》**が出て、人形浄瑠璃・歌舞伎の脚本や俳句も広く読まれるようになった。

その後も草双紙《くさぞうし》（赤本・黒本・青本）が隆盛し、宝暦・天明期（1751～1789年）以降、**黄表紙・洒落本・読本・滑稽本・狂歌・狂詩・川柳**が大流行する。この時点で活躍したのが蔦重だった。

一方、絵画は古代以来、仏教画を出発点に中国を題材にした唐絵《からえ》や日本を題材にした大和絵《やまとえ》が描かれてきた。そして、中世に現れた絵巻物や水墨画を巻き込み、近世の障壁画《しょうへきが》や装飾画、さらに「現世《げんせ》＝浮き世《うきよ》」を描く**浮世絵**が登場し大衆化した。

浮世絵は初め単色もしくは二色刷の挿絵や一枚絵だったが、宝暦・天明期以降、多色刷の**錦絵**《にしきえ》が大流行する。ここで活躍したのもまた蔦重だった。

大衆文学と絵画をカルチャービジネスへ昇華させる

医師や学者が主君へ献上するために書いた専門書や、後継者育成のために書かれた書物とは違い、当時の大衆文学や絵画の世界は、武士や町人出身の作者からすれば、仕事（副業）というよりは趣味の世界で、それを書く（描く）ことで報酬を貰おうとは考えていなかった。現代でいえば、同人誌的な市場である。

それは、近代において戦前に小説が白眼視され、戦後に漫画やアニメが軽視されたように、サブカルチャーたる戯作や浮世絵は「大衆を中心とした気晴らしの装置程度」と軽く見られていたからである。発展を続ける江戸の貨幣経済の渦中で、蔦重は「版元（製造）・卸売＋小売（流通）・貸本（レンタル）」に「広告代理店的な立ち位置」をもって、そんな大衆文学や絵画を扱い、真っ当な事業としたのである。

そうしたことからも、江戸のメディア王・蔦屋重三郎は、日本の総合出版社・大手広告代理店の元祖だといえるだろう。

蔦重は「ゼロから1」にするより、すでにあったシステムをアレンジすることで「1→100」にするのが得意な事業家であったが、このとき蔦重は奇抜な視点でトリックスターとなり、圧倒的な熱量でゲームチェンジャーになった。

蔦屋重三郎は、まさに趣味の世界だった大衆文学（リテラチャー）や絵画（アート）を出版によって世に広げ、**ポップカルチャー（サブカルチャー）の事業化**すなわち**カルチャービジネス**に昇華させた人物なのだ。

知っておきたい「豆知識」

1

結婚も離婚も「家」次第

江戸時代、**結婚**は「家」重視だったため、当人同士の意思ではなく、「戸主＝家長」の意向が強くはたらいた。重要なのは「家格《かかく》」が釣り合うかどうかで、見合い結婚であっても会う前にほぼ決まっていたのが普通だった。また、お歯黒をつけた人妻に男が横恋慕《よこれんぼ》するのはご法度で、妻子持ちの男に女が懸想《けそう》して理《わり》ない仲になっても厳罰が待つ。だから吉原のような公娼街にも存在意義があった。

「家」重視の結婚とはいえ、人間が行うことなので事前事後のトラブルを避けるために上司や親類、地域の顔役が仲人となり、面倒を見ることになる。その手数料として仲人には妻側の持参金の1割が払われたので、仲人を職業とする世話焼きの御仁もいたほどだ。

それに対して、**離婚**は不妊や舅姑《きゅうこ》との関係などを理由に、夫の家から妻に「三行半《みくだりはん》」を突きつけるイメージが強いが、そもそも**離縁状は妻への再婚許可証**という位置づけだった。後くされがないよう仲介者が入り、「今後この女はわが家と関係ないので、誰と再婚しても異議はない」と夫が書く。女性は武家・商家・農家にとって貴重な働き手なので再婚先には事欠かない。とくに江戸の人口は男性が約7割を占めていたので女性は引く手あまただった。

一方、夫が妻の家から離婚を求められたときは面倒だ。離婚すれば持参金や着物、鏡などの嫁入り道具を実家に返す必要があり、くわえて家名にかかわると考え離縁状の作成を拒む婚家《こんか》もあった。そんなとき、妻は「縁切《えんきり》寺《でら》（駆込寺《かけこみでら》）」の東慶寺《とうけいじ》（神奈川県）か満徳《まんとく》寺《じ》（群馬県）に駆け込み、一定期間を修行すれば、公的に離婚できた。

第3章

謎の絵師「東洲斎写楽」

［伝説の絵師が登場した背景と謎］

まったく無名の絵師だった東洲斎写楽《とうしゅうさいしゃらく》に蔦重は賭けた!?

挿絵師《さしえし》の中から浮世絵師が生まれる

寛政6年（1794）5月、蔦屋重三郎は**東洲斎写楽の役者絵28点をほぼ同時に発売**した。それは役者の顔が大きく描かれていることから「**大首絵**《おおくびえ》」と呼ばれる大判の浮世絵だった。

浮世絵とは庶民に愛好された風俗画で、木版刷りのものが多く作られた。一枚の値段はさまざまだったが、およそ蕎麦《そば》一杯分だったといわれている。今のお金でいうと500～800円ほどになる。

それとて、食うや食わずの貧しさなら買う余裕はないだろうが、江戸時代中頃の元《げん》

菱川師宣『吉原の体（よしわらのてい）』
17世紀に描かれた、浮世絵の祖とも称される菱川師宣の代表作。
ColBase（https://colbase.nich.go.jp/）

禄《ろく》期《き》（1688〜1704年）には、上方（京都・大坂）の商人をはじめ庶民も豊かになり、趣味にお金を使うことができるようになり、元禄文化が発展した。浮世絵を絵画の一分野として確立した**菱《ひし》川師宣《かわもろのぶ》**も元禄期の絵師である。

その後、蔦重も活躍した宝暦《ほうれき》・天明《てんめい》期《き》（1751〜1789年）には、上方に加えて江戸でも庶民文化が発展し、江戸時代後期の文化《ぶんか》・文政《ぶんせい》期《き》（1804〜1830年）の化政文化《かせいぶんか》につながっていく。

その頃、江戸では黄表紙・洒落本・読本と呼ばれる大衆本の出版が盛んになった。京都・大坂の上方本に対して、それら江戸の大衆本は「地本《じほん》」と呼ばれた。

江戸時代の大衆本はたいてい挿絵付きで、その挿絵師の中から浮世絵師が生まれた。元は墨一色だった浮世絵も多色刷りの錦絵《にしきえ》になって人気が高まった。

蔦重は地本問屋（地本屋）として頭角を現し、浮世絵も刊行した。当時、浮世絵は本と同様に版元が企画して制作し発売したもので、現代でいう写真集のような出版物だった。蔦重が写楽の役者絵を発売したことは大きな賭けだっただろう。なぜなら写楽はそれまで本の挿絵すら描いたことがない、無名の絵師だったからだ。

なぜ写楽に役者絵を描かせたのか？　その経緯は不明だ。突然、絵を依頼するはずもないので、蔦重は写楽が描いた下絵か何かを見て、彼を売り出す決断をしたのだろう。寛政6（1794）年5月という刊行時期も重要な意味を持つ。

控櫓三座《ひかえやぐらさんざ》が江戸の歌舞伎を担うことに

当時、歌舞伎は江戸の民衆の大きな楽しみだった。芝居小屋の周辺には、茶屋や土産物屋《みやげものや》が建ち並ぶ芝居町が生まれ、1日1000両が動いたといわれる。

しかし、そうした民衆の熱狂は幕府の警戒すべきものであった。江戸の芝居小屋は幕府の許可制で、蔦重の頃に常設を許された芝居小屋は、大芝居《おおしばい》とよばれる中村座《なかむらざ》・市村座《いちむらざ》・森田座《もりたざ》の「**江戸三座**」のみだった。

三座は幕府の許可を得たしるしに櫓《やぐら》を建てて興業をアピールしていたが、それも「寛政の改革」の緊縮方針によって経営が行き詰まり、興行権を**控櫓**《ひかえやぐら》という芝居小屋に貸し出した。以後、都座《みやこざ》・桐《きり》座《ざ》・河原崎座《かわらさきざ》の控櫓三座が江戸の歌舞伎を担うことになった。

そして寛政6年5月、控櫓三座による興行が

歌川広重「名所江戸百景・猿若町のよるの景」
1856年に描かれた、芝居小屋の三座（中村座・市村座・森田座）が集められたという江戸猿若町の夜景。
ColBase（https://colbase.nich.go.jp/）

始まった。

蔦重はこれを耕書堂再興の機会と見たのではないだろうか。というのも寛政3（1791）年に出版統制を強めた幕府から弾圧を受けて財産を減らす処罰を受けて以来、それを盛り返す大きな仕掛けを探っていたのだ。

また、多色刷りの浮世絵である錦絵を制作するのは容易なことではなかった。浮世絵は絵師・彫師・摺師の分業である。それぞれの職人は版元ごとに仕事を受けていて、一度に多くの浮世絵を作るには職人を集めることが必須だった。

蔦重は写楽に役者絵を描かせるにあたり、三座の胴元や芝居町の商人、役者本人などと交渉して資金を集めたのだろう。**蔦重がプロデューサーといわれる所以**である。

役者絵は今の映画のポスターやブロマイドのようなものだが、中には有名ではない役者の絵も見られる。お金を出して自分の顔を描いてもらった役者もいたのだろう。

東洲斎写楽は一体何者なのか？

忽然《こつぜん》と彗星のように現れた写楽は、その後も蔦重の耕書堂から絵を売り出したが、およそ10ヵ月後に姿を消した。それゆえ、謎の絵師として興味を引き、その出自や実名について、さまざまな推論が出されている。

有力なのは阿波徳島《あわとくしま》の外様大名・蜂須賀《はちすか》氏に仕える能役者の**斎藤十郎兵衛**《さいとうじゅうろべえ》ではないかという説だ。江戸時代の書物に「俗称《ぞくしょう》斎藤十郎兵衛、八丁堀に住す。阿州侯《あしゅうこう》の能役者也《のうやくしゃなり》」と書かれている上、十郎兵衛が実在の人物であることも確かめられている。

しかし、能役者に絵師の才があったかどうか。また、武家に仕える者が芝居や浮世絵などに手を出すと、禁制の憂き目にあってお咎《とが》めを受けることもあったので、普通はそうしたことはしないものだった。

そこで、喜多川歌麿・葛飾北斎・歌川豊国《うたがわとよくに》といった浮世絵師、円山応挙《まるやまおうきょ》・谷文晁《たにぶんちょう》などの有名な絵師か？　蘭学者の司馬江漢《しばこうかん》か？　戯作者の山東京伝または十返舎一九の別称ではないか？　あるいは**蔦重自身が写楽を名乗った**のではないか？　など、甚《はなは》だ多くの説がある。

写楽の正体は私（蔦重）だ
という研究者もおるぞ！

［世界の三大肖像画家と称された写楽］

レンブラント、ベラスケスと並び称された写楽

ヨーロッパで浮世絵ブームが起こった

幕末の慶応《けいおう》３（１８６７）年、**パリ万国博覧会で**浮世絵が他の日本産物とともに展示された。開国後しばらくして浮世絵がヨーロッパで知られるようになり、画商が売る商品にもなった。日本から輸出する陶器等の梱包材として、丈夫な和紙に刷られた浮世絵が大量にヨーロッパへ渡ったともいわれている。

浮世絵を見たヨーロッパの画家たちは、西洋画にはない構図や色彩に興味を持ち、ドガ、モネ、ゴーギャン、ゴッホ、ロートレックなどが、浮世絵の場面や構図を自分の作品に取り入れた。フランス語で**「ジャポニスム」**といわれる芸術運動である。

その流れの中で、ドイツの考古学・美術研究家のユリウス・クルトが『Ｕｔａｍａｒｏ』（１９０７年）、『Ｈａｒｕｎｏｂｕ』**『SHARAKU』**（１９１０年）という喜多川歌麿、鈴木春信、東洲斎写楽をそれぞれ扱った三冊の本を刊行した。クルトはその『ＳＨＡＲＡＫＵ』の中で、写楽をレンブラント、ベラスケスと並ぶ「世界三大肖像画家」と称賛したという。レンブラントは17世紀のオランダの画家、ベラスケスも同じく17世紀のスペインの画家で、彼らの人物画は今も高く評価されている。

18世紀に活躍した写楽はその二人とともに**「世界三大肖像画家」**となったが、クルトの『ＳＨＡＲＡＫＵ』の邦訳『写楽』（定村忠士《さだむらただし》・蒲生潤二郎《がもうじゅんじろう》訳 アダチ版画研究所 １９９４年）には、そのような記述がどこにもない。それにも関わらず同書の解題には、初期の研究家だったクルト以後、さまざまな写楽論が出てクルトへの批判も強まる中で、「クルトの本の意義は写楽を世界に紹介し、写楽こそレンブラント、ウエラスケスと並ぶ三大肖像画家の一人であると評価した点にある」という。この「三大肖像画家の一人」という典拠は書かれていない。どうやらいつの間にか、そういわれるようになったようだ。

【写楽が残した作品の全体像】

10ヵ月の間に写楽が残した作品は、4期に分けられる

歌舞伎の興行に合わせて描いた役者絵

寛政6年（1794）5月、東洲斎写楽は**役者絵**でデビューし、翌年の正月には表舞台から姿を消した。その間の約10ヵ月に残した作品数は145点ほどで、その中心は134点にのぼる役者絵だった。それらは歌舞伎の興行に合わせて、ポスターやブロマイドのように作られた浮世絵で、興行の時期によって次の4期に分けられる。

◎第1期　寛政6年5～6月

都座・河原崎座・桐座の三座の興行に合わせた役者絵で、大判の錦絵が28点。

◎第2期　寛政6年7～10月

同じく三座の興行に合わせた役者絵で、大判の錦絵が8点と細判の錦絵が30点。

◎第3期　寛政6年11月〜閏《うるう》11月

同じく三座の興行に合わせた役者絵で、間判《あいばん》の錦絵が11点と細判の錦絵が47点。そのほか、役者追善絵《やくしゃついぜんえ》が2点と相撲絵4点がある。ちなみに閏月《うるうづき》とは、1年が354日の旧暦（大陰暦）で約3年に1度、1年を13ヵ月にすることで調整した月のこと。また、役者追善絵は亡くなった役者の姿絵で、今の遺影のようなものだった。

◎第4期　寛政7年1月

都座・桐座の興行に合わせた役者絵で細判の錦絵10点。そのほか、相撲絵と武者絵《むしゃえ》が数点残されている。

ここでいう錦絵とは多色刷りの浮世絵のこと。また、「大判・細判・間判」は紙の大きさのことだ。浮世絵に使われる用紙は、大奉書《おおぼうしょ》（54×39㎝）と呼ばれる和紙を基本とし、その半分が大判（39×27㎝）で、小奉書《こぼうしょ》（47×33㎝）から取られる細判は33×15㎝ほど、間判は33×23㎝ほどの大きさになる。

写楽がほとんど描かなかった相撲絵・武者絵・風景画

相撲は歌舞伎とならぶ庶民の娯楽だった。相撲の興行に合わせて浮世絵にも力士がよく描かれたが写楽は相撲絵をほとんど描かなかった。歴史物語の英雄・豪傑を描く**武者絵**も浮世絵の人気ジャンルだったが、これも写楽は2点しか描き残していない。

さらに葛飾北斎の『富嶽三十六景』、歌川広重の『東海道五十三次』のような**風景画**は描かず、七夕や花見の風俗とともに女性を描く**美人画**や男女の営みを描いた**春画**《しゅんが》(あぶな絵)も写楽は描かなかった。つまり、もっぱら役者絵の作家だったことになる。

版画の役者絵で知られる写楽だが、少数ながら**肉筆画**《にくひつが》(筆で描かれた浮世絵)も現存する。一つは版画の下絵で、相撲絵「谷風《たにかぜ》と大童山《だいどうざん》」などがある。左頁の絵は同様の下絵を用いて刷られた相撲絵だ。

作品として完成された写楽の肉筆画の代表的なものが扇絵《おうぎえ》だ。それには幼児人形の手前に大きく老人を描いた「老人図」などがある。これらの肉筆作品も錦絵と同様に鮮やかに色づけされている。

東洲斎写楽「大童山文五郎の碁盤上げ（だいどうざんぶんごろうのごばんあげ）」
1795年に写楽が描いた、当時話題だった6歳の少年力士・大童山の相撲絵。江戸時代には、ろうそくの火を碁盤で消す見世物があったという。
ColBase（https://colbase.nich.go.jp/）

【写楽デビューの第1期作品の特徴】

絵からはみ出した何かを感じさせる写楽の大首絵

写楽の大首絵が突如、世に現れた

歌舞伎の興行に合わせて発売される役者絵は、絵師一人につき一回の興行で数点発売するのが普通だったが、写楽は一回の興行で一挙に28点を発売しデビューした。しかも、それらはみな独特な大首絵だった。

大首絵とは、役者絵や美人画を描く際に、上半身のみの絵に大きく顔を描いたものだ。江戸時代中期の浮世絵師**勝川春章**《かつかわしゅんしょう》らが先駆けとされ、蔦重の仕事を支えた美人画の代表的な絵師である喜多川歌麿も得意とする画法だった。

しかし、写楽の大首絵は違った。たとえば歌麿の美人画**「高名美人六家撰・難波屋**《こうめいびじんろっかせん・なにわや》

おきた」（p108）と写楽の**「三代目瀬川菊之丞《さんだいめせがわきくのじょう》の田辺文三妻《たなべぶんぞうのつま》おしづ」**（p109）であるが、まず歌麿は背景に白雲母摺《しろきらずり》または紅雲母摺《べにきらずり》の淡い色を好んで使っているのに対し、写楽は黒雲母摺《くろきらずり》の暗い色調を使っている。

また、歌麿が描いた女性は、細面《ほそおもて》（ほっそりとした顔）に目が細く切れ上がり、とても柔らかな表情を見せる。お茶を運んでいる場面を描き、この絵は一つのシーンとして完結している。それに対して、写楽が描いた女性（実際は女形《おやま》の男）の顔立ちは、美人画というより実際の人の顔に近い。そして、向かって右側には誰かがいて、その相手に何か言っているようでもある。

きれいに描くより個性を描いた写楽

写楽の**「二代目瀬川富三郎《にだいめせがわとみさぶろう》と大岸蔵人妻《おおぎしくらんどのつま》やどり木《ぎ》と中村万世《なかむらまんよ》の腰元若草《こしもとわかくさ》」**（p110）も、じつに奇妙な作品だ。二人の女性が一枚の絵に収まって、それぞれ何か言いたげなのだが、二人の視線の向きがばらばら。その先に何があるというのか？　このように**絵からはみ出した何かを感じさせるところ**に写楽の特色がある。

喜多川歌麿の大首絵

喜多川歌麿「高名美人六家撰・難波屋おきた」18世紀
当時の江戸で有名だった6人の美人を描いたシリーズの中の一枚。お茶を運ぶ女性は、細面に切れ長の目で柔らかな表情を見せる。
ColBase（https://colbase.nich.go.jp/）

東洲斎写楽の大首絵

東洲斎写楽「三代目瀬川菊之丞の田辺文三妻おしづ」重要文化財　1794年
写楽が描いた大首絵は、美人画というより役者の個性を際立たせた作品だ。そして、画面右側の空間に向かって何か話しているようにも見える。
ColBase（https://colbase.nich.go.jp/）

東洲斎写楽「二代目瀬川富三郎と大岸蔵人妻やどり木と中村万世の腰元若草」
重要文化財　1794 年
都座で行われた「花菖蒲文禄曾我（はなあやめぶんろくそが）」のシーンを飾る役者絵。二人の視線は別に向けられ、絵からはみ出した何かを感じさせる。
ColBase（https://colbase.nich.go.jp/）

写楽の代表的な役者絵である**「三代目《さんだいめ》大谷鬼次《おおたにおにじ》の江戸兵衛《えどべえ》」**（p3）も、その典型だ。黒目を寄せて釣り上げた両眼と眉、への字に曲げた口、何より両手の指を異様に開いているところが何かを感じさせる。

この絵は**「恋女房《こいにょうぼう》染分《そめわけ》手綱《たづな》」**という歌舞伎のシーンの一コマで、描かれているのは江戸兵衛という悪人。一平という者が持つ金を奪いとろうとする場面だ。そんなことは知らなくても、この絵からはただならぬ殺気を感じさせる。

これら異様ともいえる第1期の28点には、もう一つ普通ではないところがあった。個性を強調して、女性も男性もあまり美形ではない。役者絵はポスターかブロマイドなのだから、きれいに描くものだったのに写楽はそうしなかった。

今でこそ**「人間の内面をえぐる」**などと評価される第1期の特色だが、当時の評判は芳しくなかったようで、そのため第2期以降の写楽の作風は変化していく。

【写楽作品、第2期から第4期の特徴】

全身像になり、背景も細かく描かれるなど写楽の画風は変わっていく

次第に写楽らしさが消え普通の役者絵に

寛政6（1794）年5月に大首絵28点を発売してから2ヵ月後の7月、写楽の絵は大きく変わった。第2期と呼ばれる作品群で、**構図の多くは全身像**になり、大判8点に加え、細判30点を発売した。その発売にあたって、蔦屋重三郎は「これより二番目新版似絵《しんぱんにせえ》を御覧ください」という意味の口上を付けている。第1期の評判があまりよろしくなかったからなのか、新たな発展を期したものだろう。

第2期の「谷村虎蔵《たにむらとらぞう》の片岡幸左衛門《かたおかさちざえもん》」（p113）を見ると、両手の指を大きく開いている点やギョロリと両眼を剝《む》いているところは第1期と同じであるが、第1期で

東洲斎写楽作「谷村虎蔵の片岡幸左衛門」 1794年
写楽第2期の作品。都座の「けいせい三本傘」に出演した谷村虎蔵を描いた一枚。第1期の大首絵とは異なり全身が描かれている。
ColBase (https://colbase.nich.go.jp/)

見せた迫力はずいぶん弱まっている。

また、「三代目《さんだいめ》市川《いちかわ》八百蔵《やおぞう》の不破《ふわ》の伴左衛門《ばんざえもん》重勝《しげかつ》」を見ると、背景が第1期で使った黒雲母摺りではなく、明るい色合いになり、衣裳も艶やかにポーズをきめている。いわゆる写楽らしさが後退し、普通の役者絵に近づいているように見える。

また、**一枚の大判に二人の役者**を描いたほか、**細判に一人ずつ描いたシリーズ**のような作品が多くなったのも第2期の特徴だ。

続く第3期と呼ばれる作品は、歌舞伎の秋興行に合わせて作られた役者絵で、同年の11月～閏《うるう》11月に発売された。画風はそれまでとは打って変わり、**人物の背景に舞台の様子**などが描かれ、ますます映画のポスターのようになった。

背景には障子などを簡単にあしらった作品が多い中で、「三代目《さんだいめ》沢村宗十郎《さわむらそうじゅうろう》の孔雀《くじゃく》三郎《さぶろう》なり平《ひら》」（ｐ１１５の右）の背景を見ると、關寺《せきでら》と書かれた石柱や墓に立てる卒《そ》塔婆《とうば》など、じつに細かく描かれている。これは演目「閏訥子名和歌誉《うるおうとしめいかのほまれ》」の場面を表したものだ。

小道具を描くのも第3期の特色で、「三代目沢村宗十郎の大伴黒主《おおとものくろぬし》」（ｐ１１５の

東洲斎写楽「三代目沢村宗十郎の大伴黒主」
1794年
写楽第3期の作品。都座の「閏訥子名和歌誉」に出演した三代目沢村宗十郎を描いた一枚。大伴黒主が背負う薪には桜の花が咲く。
ColBase（https://colbase.nich.go.jp/）

東洲斎写楽「三代目沢村宗十郎の孔雀三郎なり平」1794年
写楽第3期の作品。都座の「閏訥子名和歌誉」に出演した三代目沢村宗十郎を描いた一枚。卒塔婆など背景が細かく描写されている。
ColBase（https://colbase.nich.go.jp/）

左）を見ると沢村宗十郎が薪《たきぎ》を背負っているが、その薪の束に桜の花が華やいでいる。最後となった第4期は、寛政7（1795）年1月の興行に合わせて発売された。その中で役者絵は細判の錦絵10点だが、そこには背景の舞台の様子がいっそう細かく描かれている。「三代目沢村宗十郎の千島《ちしま》の家中《かちゅう》薩摩源五兵衛《さつまげんごべえ》」（p117の右）は「五大力恋緘《ごだいりきこいのふうじめ》」という演目の料理茶屋の場面を描いた作品だが、部屋の向こうに桜が咲き、武士の羽織の文様は細やかで、役者の表情や動きが弱々しくなっている。

そのほか、第4期では**相撲絵**と**武者絵**が数点描かれている。その中で「大童山文五郎《だいどうざんぶんごろう》の碁盤上《ごばんあ》げ」（p105）は力士絵の一枚である。片手で碁盤を軽々と持ち上げる怪力の少年力士を描いたものだが、線は細くそれほどの迫力はない。

第4期の作品からは、浮世絵師としての創作力の衰えを隠せない。そこに写楽が姿を消す理由があったのかもしれない。

以上のような経緯もあって、今も**「写楽といえば第1期の大首絵」**といわれる。なお、写楽の作品すべてが耕書堂から売り出されたものであり、絵の隅には蔦の葉をあしらった蔦屋のしるしが記されている。

東洲斎写楽「二代目板東三津五郎の五郎」
1795年
写楽第4期の作品。都座の「江戸砂子慶曾我」に出演した二代目坂東三津五郎を描いた一枚。右手を挙げて、歌舞伎特有の見得を切る。
ColBase（https://colbase.nich.go.jp/）

東洲斎写楽「三代目沢村宗十郎の千島の家中薩摩源五兵衛」1795年
写楽第4期の作品。都座の「五大力恋緘」に出演した三代目沢村宗十郎を描いた一枚。羽織の文様は細やかで表情は弱々しく見える。
ColBase（https://colbase.nich.go.jp/）

知っておきたい「豆知識」

2

蔦屋重三郎を今のメディアにたとえると?

「メディア王」蔦屋重三郎は、さしずめアメリカのマードック(ニューズ・コーポレーション創業者)か? 鎖国中の近世日本で活躍した蔦重を世界規模で比較してもピンとこないので、現代日本でたとえてみよう。まずメジャーなメディアという点で、読売&日テレ、朝日&テレ朝、毎日&TBS、産経&フジ、日経&テレ東という5大メディアグループがある。娯楽色が濃いという点で、明治時代に小新聞から出発した読売系が近いかもしれない。朝日・毎日は政治論中心の大新聞だったし、産経や日経はもともと経済色が強い。

一方、版元としては、マンガ雑誌で有名な総合出版社の講談社・集英社・小学館か。あるいはKADOKAWAやGakkenに匹敵するだろう。問屋・取次ならばトーハンと日販、小売なら紀伊國屋書店や丸善ジュンク堂などが思い浮かぶ。

しかしながら、誰もが真っ先に思い浮かべるのがTSUTAYA・蔦屋書店のプラットフォーム事業、Vカードなどのデータマーケティング事業を展開するカルチュア・コンビニエンス・クラブ(CCC)だろう。

蔦重の蔦屋と1983年に大阪府枚方市で創業された蔦屋書店は、直接的な関係はない。名称も創業者の祖父が経営していた置屋の屋号を社名としたとのことだ。ただ目指すところはよく似ている。後づけでも影響を受けたのなら、それはアリだ。

そもそも、生粋の江戸っ子の蔦重なら「そんな細けえこたぁ、どうだって!」と一喝することだろう。

現代の私たちにとって、蔦重が**生き方やビジネス**の参考になることは間違いない。

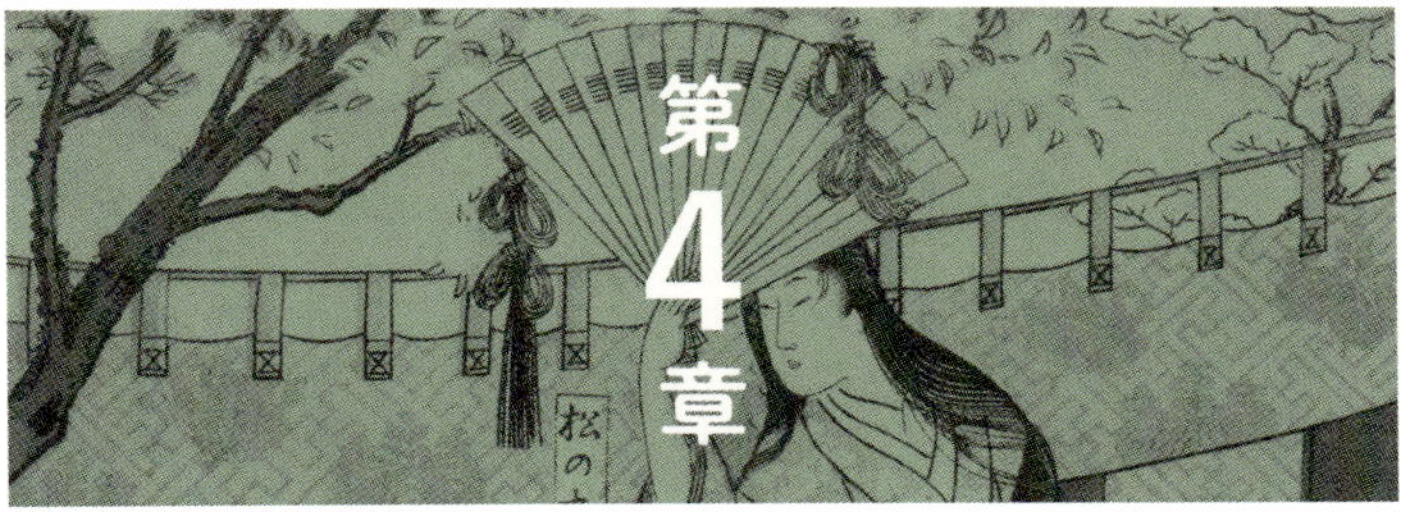

第4章

蔦重が見出した江戸のアーティスト

1739-1820

【初期より蔦重の出版事業を支えた北尾派の祖】

浮世絵師　北尾重政《きたおしげまさ》

蔦重が初めて出版した『一目千本《ひとめせんぼん》』の挿絵《さしえ》を担当

元文《げんぶん》4（1739）年、**北尾重政**は江戸の小伝馬町《こでんまちょう》にあった版元の須原屋三郎兵衛《すはらやさぶろべえ》の長男として生まれる。幼い頃からまわりにたくさんの本があったことは、重政の創作意欲を大いに刺激したに違いない。子どもの頃からすでに版下絵《はんしたえ》を制作していたようで、俳諧《はいかい》のほか書道も学んでいる。

浮世絵師として活動を開始するとみるみる頭角を現し、重政は多くの弟子を抱えて北尾派の祖となる。その後、上品でふくよかな顔立ちの美人画で人気となるが、名声をさらに高めたのは蔦屋重三郎のもとで手がけた仕事だった。

重政は安永3（1774）年、遊女評判記**『一目千本』**（p39）の挿絵を担当した。

北尾重政・勝川春章『青楼美人合姿鏡』（秋冬より）
1776年に耕書堂より発売。重政と春章の合作で、吉原で働く遊女たちの姿が艶やかに描かれている。（国立国会図書館）

この本は蔦重が版元として**初めてプロデュース**した記念すべき一冊である。二人の信頼関係はここから出発し、重政は黄表紙などの挿絵を次々に手掛けていくことになる。

安永5（1776）年、蔦重の「耕書堂」から刊行された『青楼《せいろう》美人《びじん》合《あわせ》姿鏡《すがたかがみ》』は、吉原を舞台に遊女の艶姿《あですがた》（あでやかな姿）を描写した絵本で、家が向かいで親しかった**勝川春章**《かつかわしゅんしょう》（葛飾北斎の師）との合作だ。版木の彫刻や製本までこだわった上質な作りで、江戸の出版業界で蔦重の評価を確立したといわれている。

美人画で名声を高め、多くの弟子を輩出する

重政は美人画で「勝川派」を率いた春章と並び称されるほどの名声を得たほか、風景画にも秀で、多彩な浮世絵を制作した。多くの**弟子を育てた**点も特筆され、浮世絵師として北尾《きたお》政演《まさのぶ》を名乗った山東京伝（P142）も重政の弟子の一人であった。

また、喜多川歌麿にも目をかけ、生活面で支援していたとされる。その画風は歌麿をはじめ鳥居清長《とりいきよなが》、葛飾北斎などにも影響を与えた。

蔦重は重政の実力を認め歌麿とともに高く評価していた。天明6（1786）年に耕書堂が発売した『絵本八十宇治川《えほんやそうじがわ》』『絵本吾妻抉《えほんあづまからげ》』『絵本江戸爵《えほんえどすずめ》』の三冊の狂歌絵本の挿絵は、重政が『絵本八十宇治川』『絵本吾妻抉』の二冊を、歌麿が『絵本江戸爵』を描いた。蔦重がとくに力を入れた狂歌絵本の仕事を依頼している点からも、重政の絵が重要視されていたことがわかる。

重政や歌麿は、当時、間違いなく「耕書堂」の二枚看板絵師だった。

1753？-1806

【蔦重に寵愛されヒット作を連発した絵師】

浮世絵師　喜多川歌麿《きたがわうたまろ》

生まれ年や出身地がわからない謎多き人物

江戸時代の浮世絵師の中でも、**美人画において革新的な表現を開拓し、一世を風靡したのが喜多川歌麿**である。そして、歌麿は蔦屋重三郎がプロデュースして人気絵師に導いた代表的な一人である。

歌麿の生まれた年や出身地は、はっきりとはわかっていない。蔦重の３歳下で生まれた年は宝暦３（１７５３）年という説があり、出身地は江戸もしくは川越《かわごえ》（埼玉県）といわれているが確定しておらず、ミステリアスな点は東洲斎写楽と重なる部分もある。

歌麿は鳥山石燕《とりやませきえん》のもとで絵を学び、当初は「北川豊章《きたがわとよあき》」を名乗り挿絵を描いていた。天明元（１７８１）年、蔦重の「耕書堂」から発売された黄表紙『身貌大通神略縁《みなりだいつうじんりゃくえん》起《ぎ》』で、初めて「うた麿」を名乗り挿絵を担当している。

その後、歌麿は**蔦重お抱えの絵師**として華々しい活躍をしていく。

追い込まれた蔦重は歌麿の美人画で勝負に出る

蔦重と歌麿のコラボによって生み出された本に、**狂歌絵本《きょうかえほん》**が挙げられる。折しも天明の狂歌ブームの真っただ中で、『画本虫《えほんむし》撰《えらみ》』『潮干《しおひ》のつと』（下図）が歌麿の絵で出版されると大ヒットした。

ただし、寛政年間の蔦重は大きな苦悩の中にあった。耕書堂の屋台骨を支えていた

朱楽管江作／喜多川歌麿画『潮干のつと』18世紀
狂歌師の朱楽管江が著し、挿絵を喜多川歌麿が描き、蔦屋重三郎が寛政初期に出版した狂歌絵本。題名の『潮干のつと』とは潮干狩りのみやげという意味。
（国立国会図書館）

人気作家の山東京伝が幕府に呼び出され、手鎖《てぐさり》の刑に処されてしまった。京伝の代わりになる優秀なクリエイターはいないか……。そこで蔦重の目にとまったのが力をつけてきた旧知の歌麿だった。そして、歌麿に美人画を描くよう要請したのである。かつて漫画家の鳥山明《とりやまあきら》を発掘した集英社の編集者・鳥嶋和彦は、鳥山が描いた女の子がかわいいことに注目し、女の子が主人公の漫画を描くように提案したという。それがアラレちゃんの『Dr.スランプ』であった。蔦重も彼の同種の才能に気づき、歌麿が描く美人を浮世絵にして売り出すという勝負に出たのである。

蔦重の戦略がはまり、歌麿の美人画が大ヒット

蔦重の戦略は見事に当たった。歌麿の浮世絵はたちまち評判を呼び、輝きを失いつつあった京伝の穴を埋めるほどのヒットを飛ばしたのである。

歌麿の美人画は、それまでの美人画に比べて斬新だった。その最大の特徴は、全身を描かず上半身アップにしたことだ。

この**「美人大首絵《びじんおおくびえ》」**と呼ばれる画風こそが歌麿の真骨頂であり、官能的な表現はそ

喜多川歌麿「ポッピンを吹く娘」18世紀
歌麿の大首絵の連作『婦女人相十品』の中の一枚。この連作によって、歌麿は人気絵師の仲間入りを果たす。
ColBase（https://colbase.nich.go.jp/）

の後の浮世絵師に大きな影響を与えた。また、女性らしい仕草を絶妙に描くことで、人物の内面に迫ろうとしたのが歌麿の目指した美人画であった。

寛政3（1791）年から寛政6（1794）年にかけて、『婦人相学十躰《ふじんそうがくじってい》』『婦女《ふじょ》人相十品《にんそうじっぽん》』『歌撰戀之部《かせんこいのぶ》』などを次々に発表し、いずれも大人気となった。とくに**『婦女人相十品』**の**「ポッピンを吹く娘」**（p126）や**「寛政《かんせい》（江戸）三美人《さんびじん》」**（p62）は、美人画の傑作として名高い。歌麿が描いたのは吉原の遊女や茶屋の娘などで、いずれも江戸に住む人々にとっては憧れの対象でもあった。

しかし、歌麿の絵の人気を幕府は快く思っていなかった。京伝と同様に、歌麿の絵は風紀を乱すと考えられ、警戒されたのである。蔦重の死の7年後にあたる文化元（1804）年、歌麿が描いた「太閤五妻洛東遊観之図《たいこうごさいらくとうゆうかんのず》（p128）」が幕府に問題視される。これは豊臣秀吉の醍醐《だいご》の花見を描いたため、徳川家の怒りを買ったと考えられる。捕えられた歌麿は手鎖50日の刑に処せられ、釈放されるも病気がちになり、文化3（1806）年に亡くなった。

歌麿が描いた美人画は、郵便切手の図案にたびたび選ばれただけでなく、ボストン美術館など海外の美術館に多数収蔵されている。**才能を見出す蔦重の感性と傑出した歌麿の画力**によって世界に誇る作品が生み出されたといっても過言ではない。

喜多川歌麿「太閤五妻洛東遊観之図」19世紀
太閤秀吉が催した醍醐の花見を描いたとされる三枚絵のうちの一枚。太閤殿下のまわりには着飾った美しい女性たちの姿が見られる。ColBase（https://colbase.nich.go.jp/）

1760?-1849

「「富嶽《ふがく》三十六景《さんじゅうろっけい》」などで世界的に知られる絵師」

浮世絵師　葛飾北斎《かつしかほくさい》

稀代の天才浮世絵師の登場

２０２４年７月に発行された新千円札の裏面、『富嶽三十六景』の一枚「神奈川沖《かながわおき》浪裏《なみうら》」（ｐ１６１）を描いた浮世絵師が葛飾北斎だ。北斎は宝暦10（１７６０）年頃、武蔵国本所割下水《むさしのくにほんじょわりげすい》（現在の東京都墨田区）に生まれたとされる。子どもの頃から絵が上手で、10代半ば頃から木版画に使う版木の彫刻を手がけていたといわれる。

安永７（１７７８）年、役者絵を得意とした勝川春章《かつかわしゅんしょう》に弟子入りする。そのとき北斎は「勝川春朗《かつかわしゅんろう》」を名乗り、勝川派の絵師として活躍した。実質的な処女作といわれる作品が「三代目瀬川菊之丞《さんだいめせがわきくのじょう》の正宗娘《まさむねむすめ》おれん」（ｐ１３０）など数点の役者絵である。また、この頃に鱗形屋孫兵衛《うろこがたやまごべえ》が出版した吉原細見《よしわらさいけん》本でも挿絵を描いている。

北斎は、しばしば大器晩成型の絵師といわれる。若い頃にはヒットを生み出せず、試行錯誤を続けた時代のほうが長かった。勝川春朗を名乗っていた時代は、さまざまな画風に挑戦するものの個性が発揮されるには至らなかった。

葛飾北斎「三代目瀬川菊之丞の正宗娘おれん」
1779年8月、中村座で上演された「敵仇討ち名かしく」の場面を描いた作品。
勝川春朗の名で制作したデビュー作の中の一枚とされる。
ColBase（https://colbase.nich.go.jp/）

そうして研鑽《けんさん》を重ねたのちに独立を果たすと、「百琳宗理《ひゃくりんそうり》」「北斎宗理」など名乗り始め、9年間におよんだ宗理時代に細長い体つきの美人画を完成させて評価を高めていった。

その後、北斎は黄表紙や読本などの挿絵に本格的に進出していくことになった。

蔦重の紹介で曲亭馬琴と親密になる

この北斎に接近したのが蔦屋重三郎であった。まだ勝川春朗を名乗っていた時代だが、北尾重政や喜多川歌麿の、

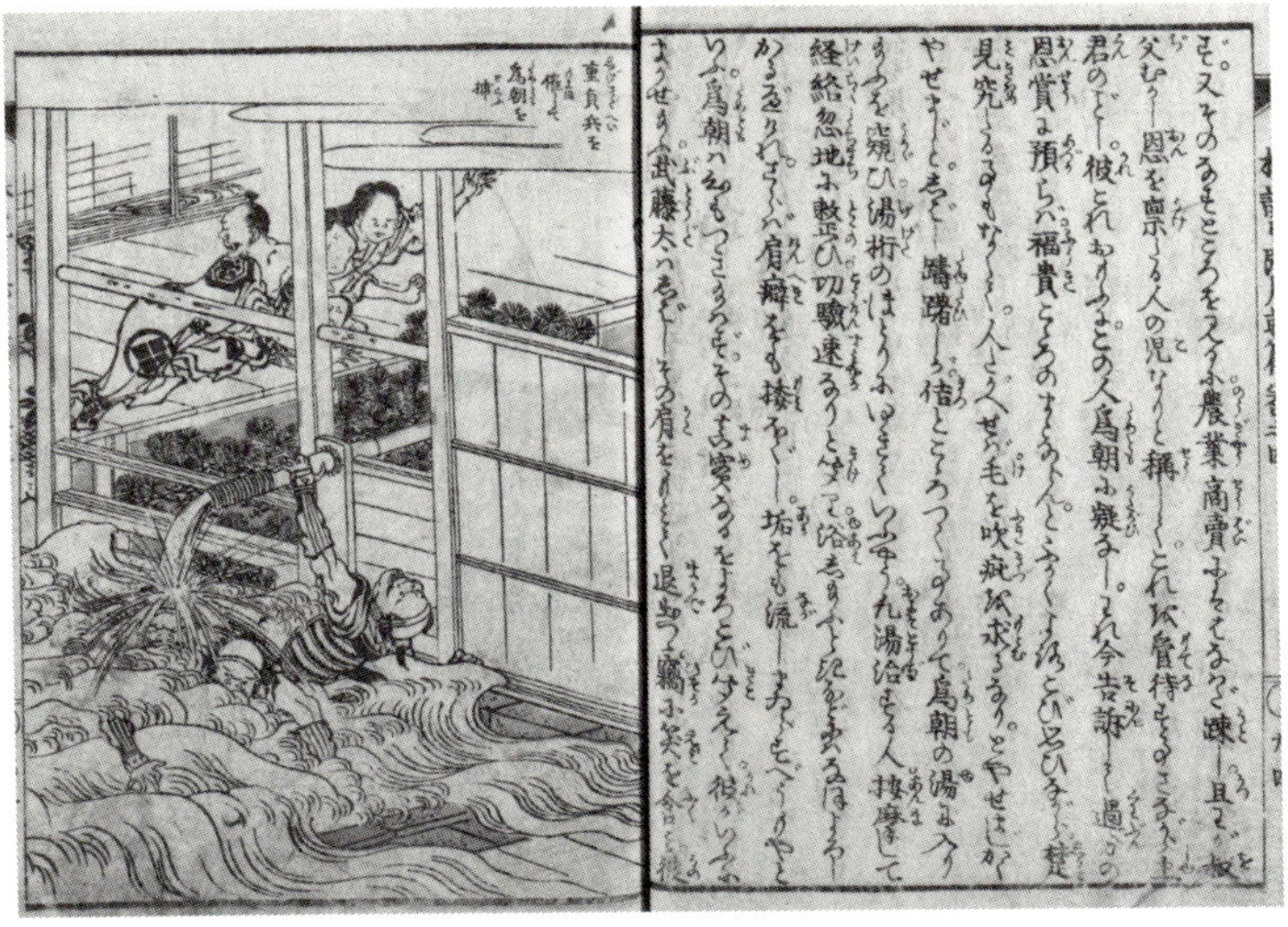

曲亭馬琴作／葛飾北斎画『椿説弓張月』（28巻）

1807～1811年と4年にわたり刊行。曲亭馬琴作、葛飾北斎画による読本で、弓の名人・源為朝を主人公とする物語だ。（国立国会図書館）

次に売り出す浮世絵師として一目置き、叱咤激励をする関係にあったようである。

蔦重は、北斎にまだ無名だった曲亭馬琴《きょくていばきん》を紹介している。やがて二人は一時的に共同生活を行うほど親密な関係になったといわれ、蔦重の死後、ともに次々とヒット作を送り出すことになる。『小説比翼文《しょうせつひよくもん》』『新編水滸画伝《しんぺんすいこがでん》』『椿説弓張月《ちんせつゆみはりづき》』（p131）など、馬琴の読本で、北斎が手掛けた挿絵は数多い。

馬琴は北斎の画力を高く評価する記述を残している。しかし、ともに妥協を許さない姿勢ゆえに口論が多く、次第に確執が生まれていったとされている。ついには絶縁したともいわれるが、真相は定かではない。

晩年も創作意欲は衰えず

北斎が蔦重のもとで仕事を行う回数は意外に少なかった。それは、北斎が全盛期を迎えたのが、寛政9（1797）年に蔦重が没した後だったからだ。

ただ、蔦重の意志は受け継がれ、北斎と耕書堂の関係は良好だったといえる。耕書堂で番頭を務めた勇助《ゆうすけ》が蔦屋重三郎の名を継ぐと、そのもとで狂歌絵本の代表作といわれる『東都《とうと》名所《めいしょ》一覧《いちらん》』(下図)の挿絵を描き、以降も絵手本『己痴羣《おのがばかむら》夢多字画尽《むだじえづくし》』などを刊行している。

また、寛政11(1799)年に刊行された、北斎が挿絵を描いた狂歌絵本『画本東都遊《えほんあずまあそび》』(p37)の中には絵草紙店が描かれている。そこには「耕書堂」の文字があり、浮世絵が店頭に並び、山東京伝の本の発売を告知する看板が掛けられている。当時の耕書堂の店頭の様子がうかがえる貴重な資料となっている。

その後、北斎は70歳を超えてから『富嶽三十六景』を完成させ、人気

葛飾北斎『東都名所一覧(乾)』
蔦屋重三郎の死後、1800年に耕書堂(二代目蔦屋重三郎)が刊行。多色刷りで北斎の挿絵を使い、江戸の名所を紹介したもの。(国立国会図書館)

浮世絵師の地位を不動のものにした。江戸時代後期の浮世絵界を代表する風景画の連作で、この中には世界的に知られる**「神奈川沖浪裏《かながわおきなみうら》」**（p161）や**「凱風快晴《がいふうかいせい》」**（p8）などが含まれている。

北斎は版元の要請に応じて美人画から役者絵、風景画まで多岐にわたる作品を手掛け、約2〜3万点を創り上げたとされる。現在の漫画につながる表現も多く、海外では〝ホクサイ・スケッチ〟の名で知られる**『北斎漫画《ほくさいまんが》』**や、花鳥図《かちょうず》などの肉筆画も多数残した。晩年は信濃《しなの》（長野県）の小布施《おぶせ》を訪れ、肉筆画の大作を残している。最後の作品とされる「富士越龍図《ふじこしのりゅうず》」も肉筆画であった。80歳を過ぎてからも情熱は衰えることがなく、みずからを「画狂老人卍《がきょうろうじんまんじ》」と号して旺盛に創作を行い、90歳近くで没した。

生涯にわたってペンネームを何度も変更しており、葛飾北斎を名乗ったのは文化2（1805）年から文化6（1809）年のわずか4年間であった。また、**引っ越し魔**としても知られ、生涯にわたり93回も転居したといわれている。

1735-1813

【黄表紙の発展に尽力した作家】

戯作者《げさくしゃ》　朋誠堂喜三二《ほうせいどうきさんじ》

蔦重のもとで吉原細見の序文や『娼妃地理記《しょうひちりき》』を執筆

黄表紙の創始者が恋川春町なら、**黄表紙の発展に貢献したのが朋誠堂喜三二**といえる。二人は黄表紙人気を牽引する存在であった。また、蔦屋重三郎のもとでともに仕事をした仲であり、公私ともに親交が深かった。蔦重の15歳上の喜三二は享保20（１７３５）年に旗本・西村家の三男として生まれた。14歳の頃、秋田藩士平沢家の養子となり、平沢常富《ひらさわつねまさ》として藩の江戸屋敷に勤める定府藩士《じょうふはんし》となった。

戯作家として安永２（１７７３）年に『当世風俗通《とうせいふうぞくつう》』という洒落本を出版したのち、黄表紙の作家に転身。安永６（１７７７）年に刊行された『親敵討腹鞁《おやのかたきうてやはらつづみ》』（ｐ１３６）は挿絵を春町が手がけた初期の代表作である。蔦重のもとでは『吉原細見』の序文や

『娼妃地理記』を相次いで執筆。喜三二は無類の吉原好きで、吉原に通いつめてはその合間に執筆する日々が続いた。

　また、蔦重や春町と同様、狂歌にも熱中しており、「手柄岡持《てがらのおかもち》」の名で連に参加したといわれる。

　耕書堂から出版された**『文《ぶん》武《ぶ》二《に》道《どう》万《まん》石《ごく》通《どおし》』**（p56）は、作中に将軍徳川家斉と老中松平定信を思わせる人物が登場し、幕府の政策を痛烈に風刺していた。

　そのため、秋田藩主の佐竹義和《さたけよしまさ》から叱責され、黄表紙の執筆を自粛してしまった。晩年は戯作の執筆からは引退し、狂歌師として活動した。

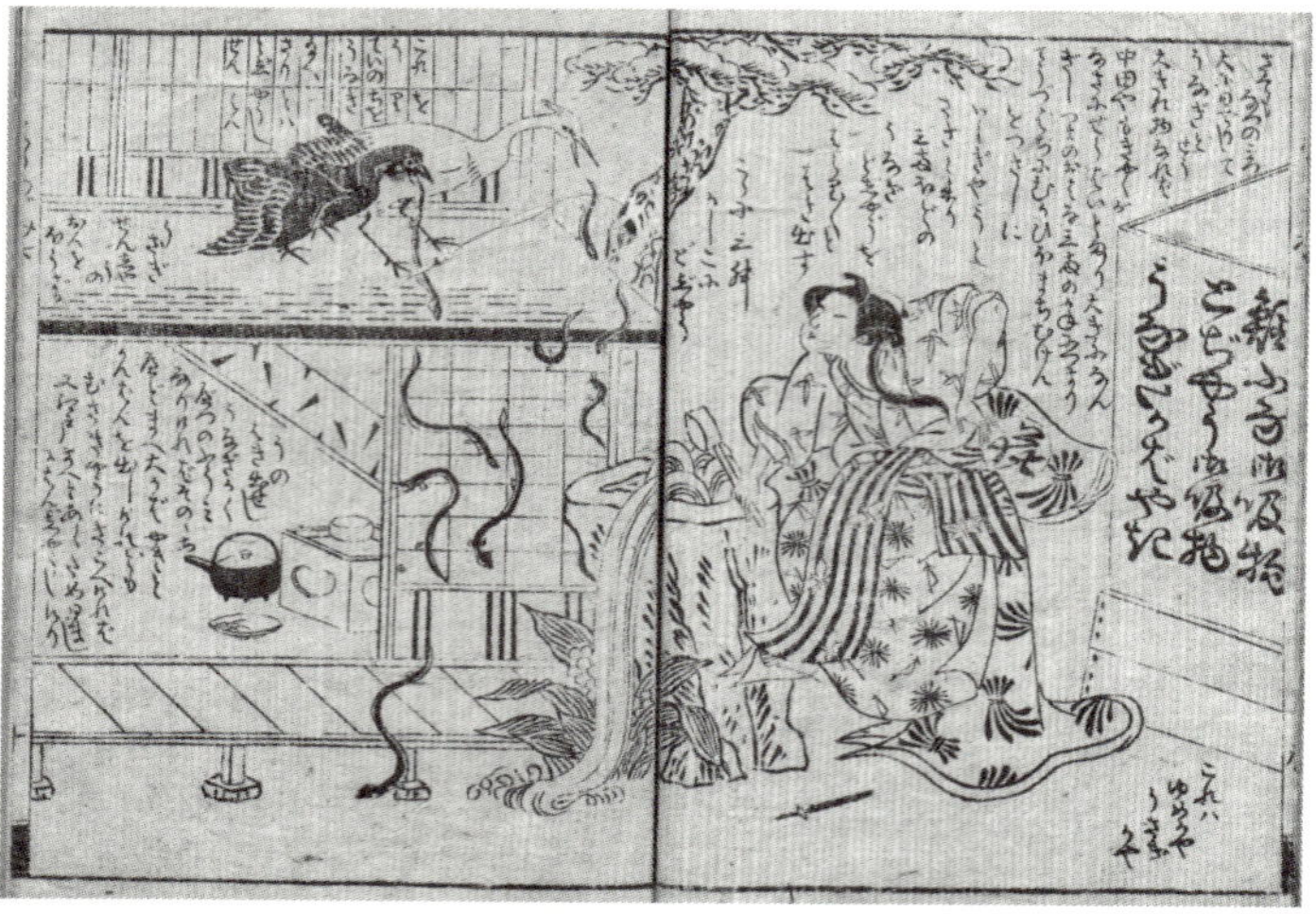

朋誠堂喜三二作／恋川春町画『親敵討腹鞁』

作者が朋誠堂喜三二、恋川春町が挿絵を描いた黄表紙で、昔話「かちかち山」のその後の話が綴られたもの。1794年に耕書堂から出版（初版は1777年、鶴鱗堂より）。（国立国会図書館）

1744-1789

【浮世絵・戯作・狂歌と多芸多才なアーティスト】

戯作者・浮世絵師 恋川春町《こいかわはるまち》

『金々先生栄花夢《きんきんせんせいえいがのゆめ》』が黄表紙ブームに火をつけた

延享元（1744）年、駿河（静岡県中部）の出身で、本名は倉橋格《くらはしいたる》。20歳で小島藩松平家に仕えた。鳥山石燕《とりやませきえん》から絵を教わり、安永2（1773）年に洒落本の挿絵でデビューを飾る。**恋川春町**の筆名《ひつめい》は小松藩の江戸藩邸があった「小石川春日町」と、敬愛していた浮世絵師「勝川春章」からとったものといわれる。

春町の名を高めたのが、鶴鱗堂《かくりんどう》より刊行された**黄表紙『金々先生栄花夢』**（下図）である。田舎

恋川春町『金々先生栄花夢』
恋川春町が執筆とともに挿絵を描いた黄表紙。鶴鱗堂が1775年に刊行。
（国立国会図書館）

からやって来た若者が夢の中でお金持ちになり、放蕩《ほうとう》生活を送る話だ。その物語が江戸で評判を呼び、**黄表紙ブームの火つけ役**となった。

そのため春町は「黄表紙の祖」といわれることが多い。なお、この黄表紙で春町は文章と挿絵の双方を手がける二刀流ぶりを発揮した。

春町は瞬く間に売れっ子になったが、よほど器用だったのだろう。藩士との二足の草鞋《わらじ》を履きながら物語を次々に執筆。藩内でも最終的に御年寄本役《おとしよりほんやく》となり、藩の中枢に関わるほどの出世を果たし、120石を与えられ順風満帆な日々を送っていた。

幕府の出頭命令を拒否し表舞台から姿を消す

天明3（1783）年、春町が蔦屋重三郎のもとで初めて手がけた黄表紙『猿蟹《さるかに》遠昔噺《とおいむかしばなし》』が刊行された。そして、この本の出版後も二人の交流は続き、**『鸚鵡《おうむ》返文《がえしぶん》武二道《ぶのふたみち》』**など数々のヒット作を出版した。

しかし、寛政の改革を進める老中・松平定信《まつだいらさだのぶ》が出した『鸚鵡言《おうむのことば》』を風刺したとされる『鸚鵡返文武二道』を幕府が問題視した。寛政元（1789）年、幕府は春町に出頭するよう命じたが、春町は病気を理由にこれを辞退。その後、隠居生活を送り、この年のうちに亡くなってしまった。諸説あるが自害したといわれている。

春町は藩士として安定した地位を築き、戯作者として物語を執筆する一方で、盟友の朋誠堂喜三二《ほうせいどうきさんじ》（P135）の本では挿絵を担当している。

狂歌《きょうか》の世界でも才能を発揮し、狂歌師でもあった蔦重と親睦を深めた。多芸多才であり、江戸時代を代表する〝マルチタレント〟のような存在といっていいかもしれない。

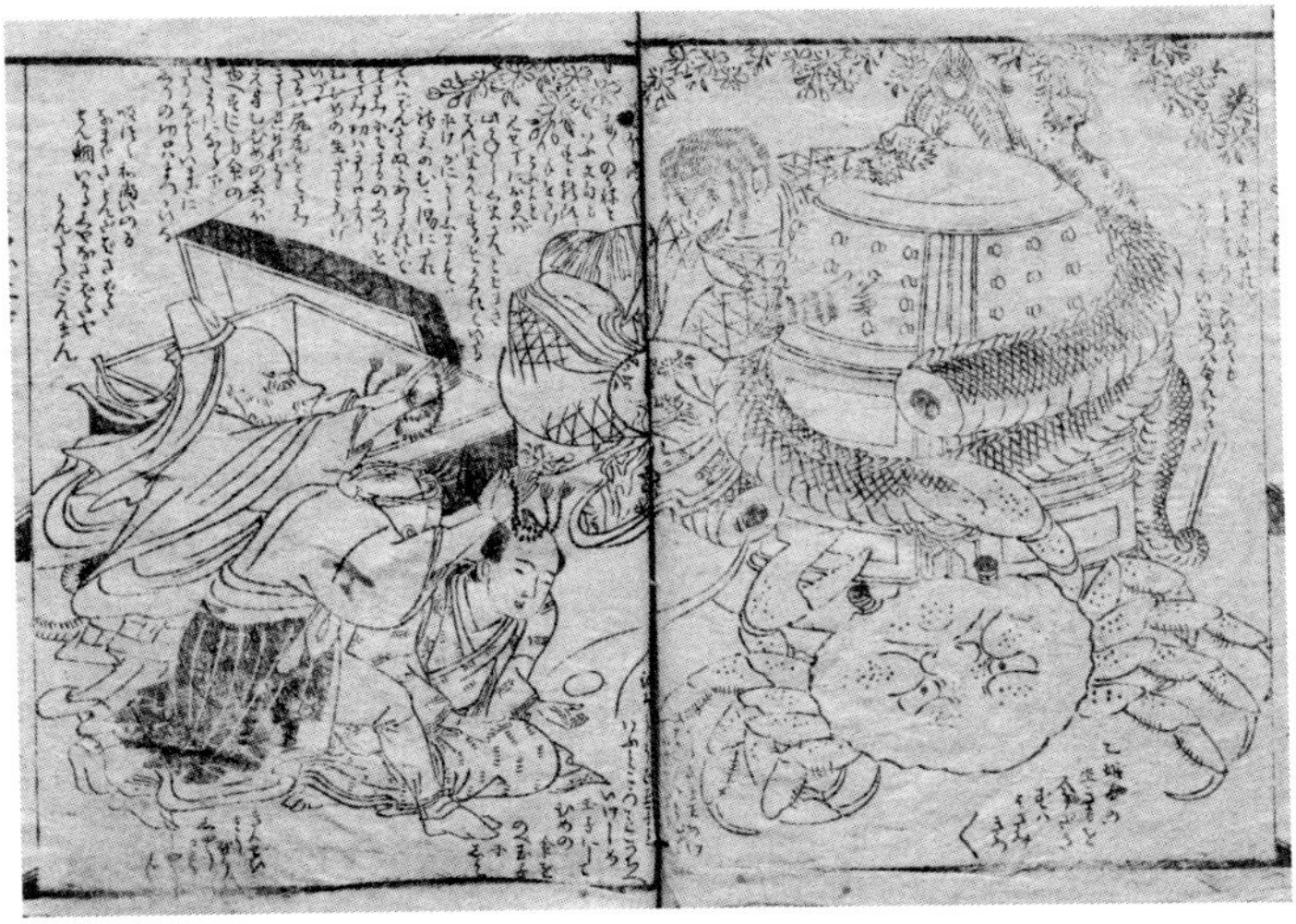

恋川春町『猿蟹遠昔噺』
1783年に耕書堂から発売された。恋川春町が執筆し、挿絵も描いた黄表紙。
（国立国会図書館）

【天明期を代表する狂歌師《きょうかし》】

1749-1823

狂歌師　大田南畝《おおたなんぽ》

唐衣橘州《からごろもきっしゅう》・朱楽菅江《あけらかんこう》らと狂歌三大家に名を連ねる

大田南畝は寛延2（1749）年、江戸の牛込《うしごめ》に生まれた幕府の下級武士（御家人）で、号を**「蜀山人《しょくさんじん》」**といった。ユニークな筆名でも知られ、狂歌名は**「四方赤良《よものあから》」**、狂詩名は「寝惚先生《ねぼけせんせい》」、戯作名は「山手馬鹿人《やまのてのばかひと》」と名乗った。内山賀邸《うちやまがてい》の門下の頃に作った狂詩をまとめたのが『寝惚先生文集』で、これが一躍評判となって狂歌も注目され**天明の狂歌ブーム**が巻き起こった。

蔦重との親交は、天明元（1781）年に始まった。南畝は狂歌師の人脈を持ち、耕書堂から刊行された狂歌集の編纂を行い、蔦重から信頼を得た。

狂歌師としては、唐衣橘州、朱楽菅江とともに**天明の狂歌三大家**といわれ、狂歌集として『万載狂歌集《まんざいきょうかしゅう》』『徳和歌後万載集《とくわかごまんざいしゅう》』などを出版。また、咄本《はなしぼん》の『鯛《たい》の味噌津《みそず》』、洒落本『甲駅新話《こうえきしんわ》』、黄表紙の『虚言八百万八伝《うそはっぴゃくまんぱちでん》』（下図）、随筆の『一話一言《いちわいちげん》』など数多くの著作がある。南畝は好きな歌を詠み、蔦重の接待で吉原で遊ぶなど自由な生活を送っていた。しかし、下級武士であったため、松平定信の「寛政の改革」にともなう文武奨励政治が始まると狂歌師としての活動を停止。文芸の世界から距離を置くことになる。晩年は学問で身を立て、その能力が評価されて出世した。

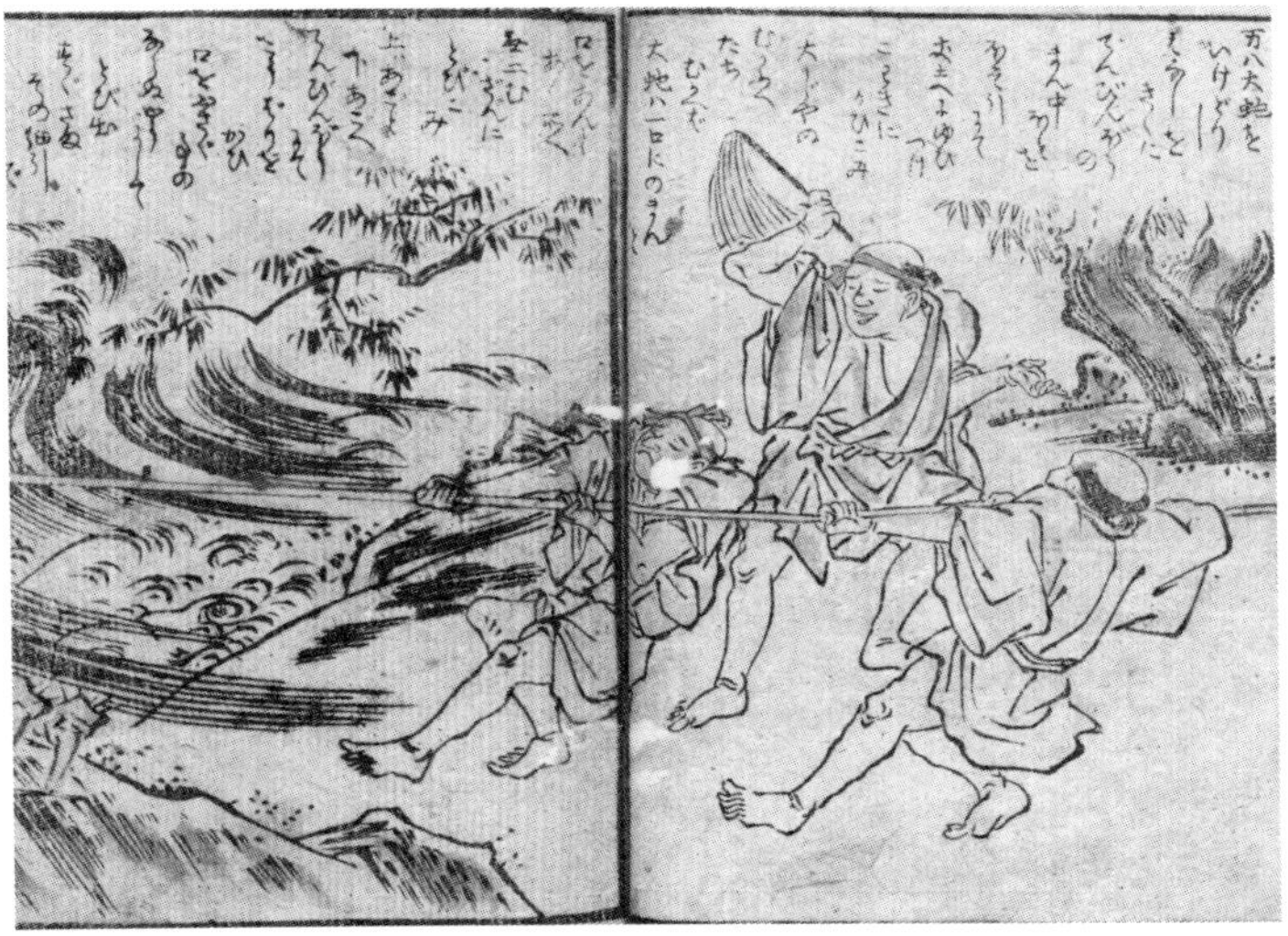

太田南畝『虚言八百万八伝』

太田南畝が書き下ろした黄表紙で、嘘（ホラ）を得意とする万八という人物が主人公の物語。1780年に耕書堂から出版。（国立国会図書館）

1761-1816

【黄表紙、洒落本の第一人者】

戯作者・浮世絵師 山東京伝《さんとうきょうでん》

蔦屋重三郎の盟友としてヒットを連発

山東京伝は耕書堂から数多のベストセラーを世に送り出し、蔦屋重三郎の出版活動を支えた11歳下の盟友である。宝暦11（1761）年、江戸の深川にあった質屋の息子として生まれ、本名は岩瀬醒《いわせさむる》といった。処女作については諸説あるが、安永7（1778）年に刊行された『お花半七開帳利益札遊合《はなはんしちかいちょうりやくのめくりあい》』とされ、北尾政演《きたおまさのぶ》の画号で挿絵もみずから手がけている。なお、京伝は浮世絵を**北尾重政**から学んでいた。

蔦重と出会って以降は、黄表紙『新美人合自筆鏡《しんびじんあわせじひつかがみ》』（p143）や**『江戸生艶気《えどうまれうわきの》樺焼《かばやき》』**（p48）、『明矣七変目景清《あくしちへんめかげきよ》』などを立て続けに刊行。洒落本では傑作として名高い**『通言総籬《つうげんそうまがき》』**を世に送り出した。蔦重と京伝は一緒に日光（栃木県）へ旅行に出かけるほどの仲で、二人三脚でヒットを連発。いつしか京伝は**「黄表紙、洒落本の第一人者」**と呼ばれた。

しかし、松平定信が断行した「寛政の改革」による出版統制で、京伝の著作は風紀を乱すとして幕府に呼び出され、50日間の手鎖の刑を受ける。このとき、蔦重も財産を一部没収されている。

その後、京伝は京橋銀座に喫煙用の小物販売店「京屋」を開店。自らデザインした紙製煙草入れを販売すると売れに売れた。晩年には黄表紙も執筆しているものの、『骨董集《こっとうしゅう》』など、考証学に関する本の執筆が多かった。

北尾政演（山東京伝）『新美人合自筆鏡』

北尾政演は山東京伝の浮世絵師としての名。吉原の遊女を描き、彼女たちの自筆とされる和歌や詩を配している。1784年に耕書堂より出版。（国立国会図書館）

1765-1831

【大ベストセラー『東海道中膝栗毛《とうかいどうちゅうひざくりげ》』を執筆】

戯作者 十返舎一九《じっぺんしゃいっく》

蔦重家での寄宿生活から始まった作家人生

十返舎一九は明和2（１７６５）年に駿河（静岡県中部）に生まれた戯作者で、本名は重田貞一《しげたさだかつ》、通称・与七《よしち》といった。はじめは大坂で浄瑠璃《じょうるり》作者として活動していたが、寛政6（１７９４）年に江戸に出て、蔦屋重三郎と出会う。

文章力と画力の高さを評価した蔦重は、一九を自宅に住まわせつつ、版元の裏方の仕事を手伝わせている。この**寄宿生活**が始まった翌年、蔦重のもとから刊行された黄表紙『心学時計草《しんがくとけいぐさ》』で戯作者デビューを飾った。

蔦重の死から5年後の享和2（１８０２）年から刊行が始まった**滑稽本《こっけいぼん》『東海道中膝栗毛』**は、弥次郎兵衛《やじろべえ》と喜多八《きたはち》の〝弥次喜多コンビ〟が、時には騒動を巻き起こしつつ、江戸から伊勢へ旅する物語（珍道中）である。そのコミカルな内容が読者に大ウケし、折しも旅行ブームだったこともあって、文政5（1822）年に完結するまで、実に21年間にわたって続編が執筆された一九の代表作であり、**江戸時代屈指の大ベストセラー**となった。

一九は、江戸時代に原稿料だけで生計をたてたという希有な作家としても知られる。そのジャンルは多岐にわたり、洒落本、人情本、滑稽本、読本、咄本、黄表紙、合巻などを手掛け、残した作品数は580点を超えるともいわれる。肉筆浮世絵にも才能を発揮した。

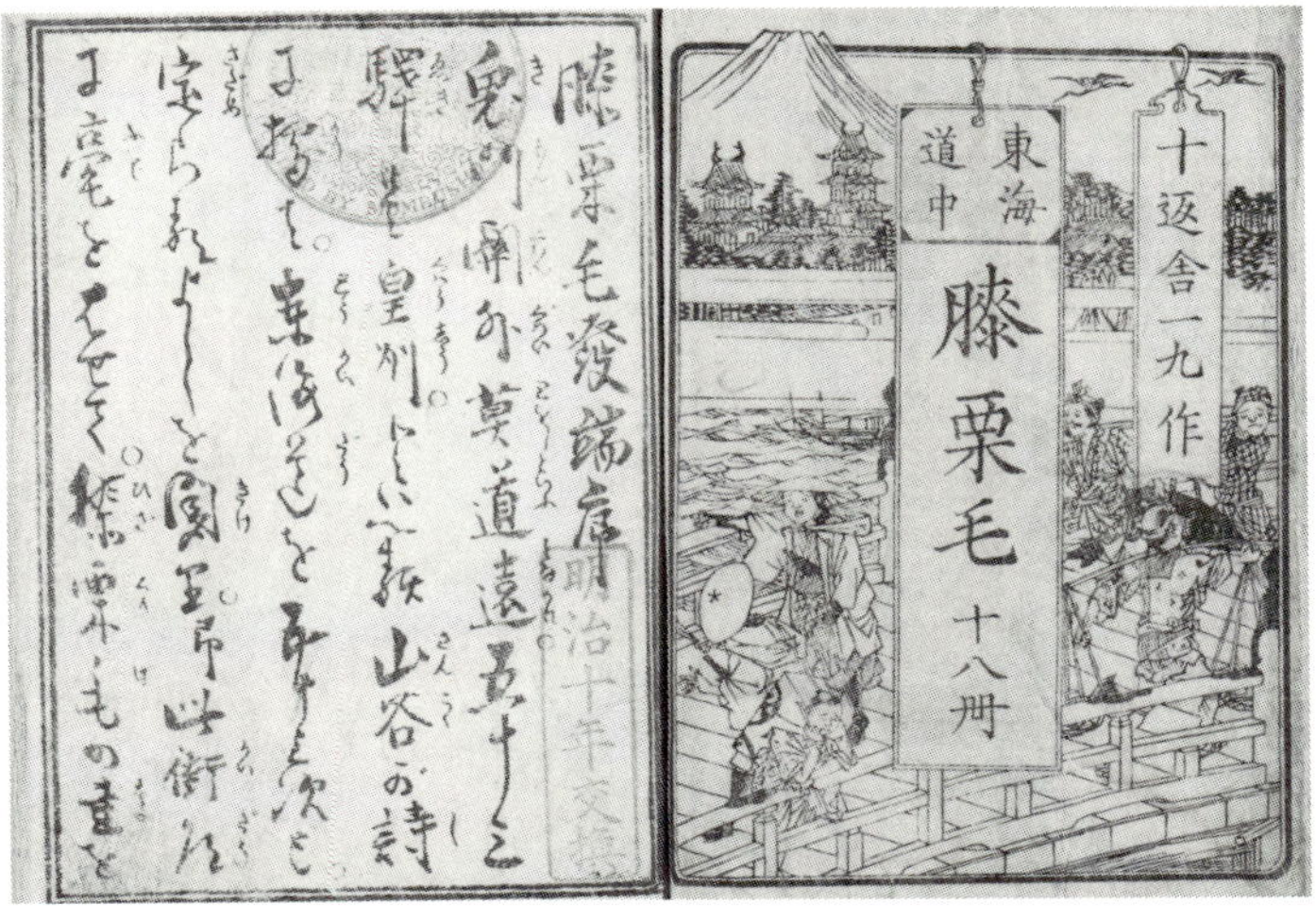

十返舎一九『東海道中膝栗毛』
1802－1822年に発刊された十返舎一九作の滑稽本。膝栗毛とは、自分の膝を馬（栗毛）のように使い、徒歩で旅をすることを意味する。（国立国会図書館）

1767-1848

［28年をかけて『南総里見八犬伝《なんそうさとみはっけんでん》』を著す］

戯作者 曲亭馬琴《きょくていばきん》

読本ブームに火をつけ人気作を手掛ける

明和４（１７６７）年に江戸の深川で生まれた**曲亭馬琴**は、幼い頃から絵草子に親しみ、俳諧や儒学を学んだ。一時、放蕩生活を送ったこともあったが、寛政２（１７９０）年に山東京伝に弟子入りを志願し、断られたものの出入りを許され、翌年に刊行した黄表紙『尽用而《つかいはたして》二分《にぶ》狂言《きょうげん》』でデビューした。この頃、京伝は寛政の改革で弾圧されており、馬琴は京伝の代筆も手掛けている。寛政４（１７９２）年、馬琴は蔦屋重三郎と出会い、**耕書堂に手代《てだい》として勤務**することになる。そして、寛政８（１７９６）年、耕書堂から読本『高尾船字文《たかおせんじもん》』を刊行して有名になり、**読本ブームの火付け役**となる。京伝とは、文化元（１８０４）年刊行の読本『月氷奇縁《げっぴょうきえん》』を機に対立を深めることになったが、馬琴の創作活動はますます盛んになり、葛飾北斎画の『椿説弓張月《ちんせつゆみはりづき》』（p131）、『三七全伝南《さんしちぜんでんなん》柯夢《かのゆめ》』など数々の人気作を手掛けた。

　読本のみならず黄表紙、俳書まで多様な本を刊行。ベストセラー作家となった馬琴は、十返舎一九と同様に原稿料のみで生計を立てた数少ない戯作者として知られる。文化11（1814）年に刊行が始まった『南総里見八犬伝』は、28年にわたって執筆された大作で、失明後は息子の妻の口述筆記で書かれた。江戸時代の読本の到達点と評される傑作である。

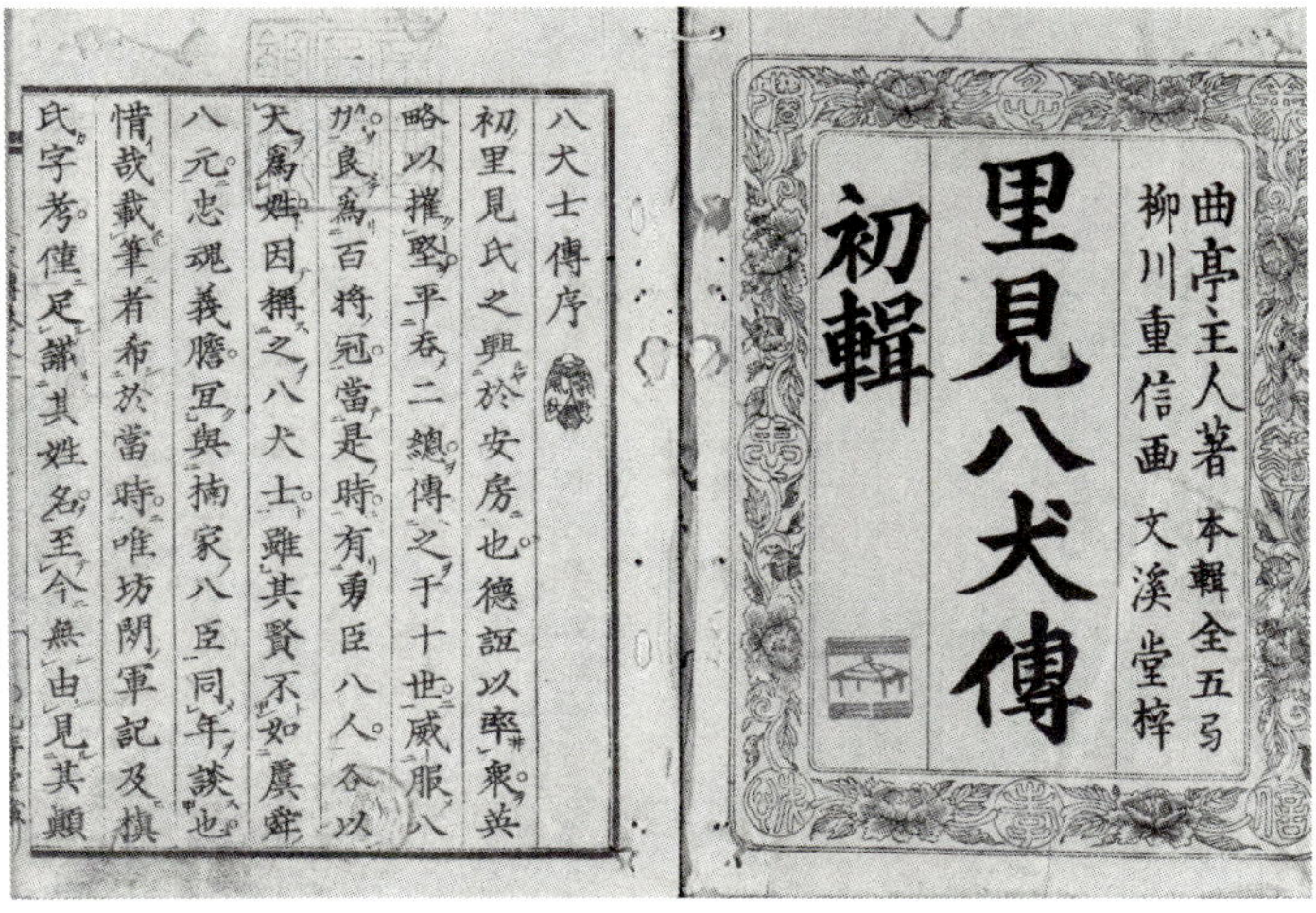

曲亭馬琴『南総里見八犬伝』
28年間（1814－1842年）にわたり刊行された曲亭馬琴作のベストセラー小説。読本ブームの火付け役となったとされる。（国立国会図書館）

知っておきたい「豆知識」

3

文人の多くは「本業」を持っていた！

男系の「家」単位で人生が展開していく江戸時代では、人は生まれながらにして本来の家業すなわち「本業」を持っていた。戯作・狂歌・川柳・浮世絵などは、あくまでも武士や町人の趣味・余技《よぎ》扱いだった。

蔦屋重三郎と関係があった文人の「本業」を見てみよう。まずは武士から。

大田南畝は幕府の御家人である御徒衆《おかちしゅう》から支配勘定《しはいかんじょう》に昇進し、江戸や長崎にも赴任している。彼は現代でいうノンキャリアの国家公務員。「寛政の改革」のような当局からの取り締まりには率先的に従う立場だ。

朋誠堂喜三二は、キャリア官僚たる旗本の子に生まれたが、外様大名の秋田藩士の養子となり、江戸藩邸において留守居役《るすいやく》を務めている。その親友の恋川春町は譜代の小島《おじま》藩士で、御年寄役《おとしよりやく》にまで出世している。この二人は現代でいう上級職の地方公務員。ゆえに上役から余技で何か注意されると気まずい。

次に町人を見てみよう。

山東京伝は例外的に執筆・作画報酬をもらうほど戯作者・絵師の地位を確立した後、32歳の時に京橋（現在の銀座一丁目）で煙草入れの販売店「京屋《きょうや》」を開き、自作の商品は「京伝好み」として人気を博した。

以上のように「本業」を持つ者に対し、下級武士の出身でありながら、蔦屋に寄宿・奉公してキャリアをリセットした十返舎一九と曲亭馬琴。それゆえ、彼らは専業作家として独立できたといえる。

最後に変わっているのが北尾重政。小伝馬町の本屋の子に生まれ、本や絵に囲まれた特殊な環境で育ったからか、絵師をほぼ「本業」にしている。普通の親なら止めたはずだ。

第5章

もっと知りたい！江戸と蔦重

Q1

蔦屋重三郎が生まれ育った街

江戸の吉原ってどんなところ?

男なら一度は訪れたい憧れの場所

江戸時代には、**遊郭**《ゆうかく》（遊女屋がたくさん集まった一定の区域）が全国に数百ヵ所もあったというが、その中でも江戸で最大級の規模を誇った幕府公認の遊郭（公娼街）が吉原だ。元和《げんな》3（1617）年に日本橋付近に誕生したが、明暦《めいれき》3（1657）年に起こった**「明暦の大火」**で焼失し、浅草寺《せんそうじ》の裏手（現在の台東区千束付近にあたる）に移転した。吉原は四方を堀と塀によって囲まれ、入口の**大門**《おおもん》をくぐった先に仲の町と呼ばれるメインストリートがあった。

その通り沿いには**妓楼**《ぎろう》と呼ばれる二階建ての遊女屋が立ち並び、格子窓が設けられた**張見世**《はりみせ》というスペースの奥に遊女たちが顔をのぞかせていた。

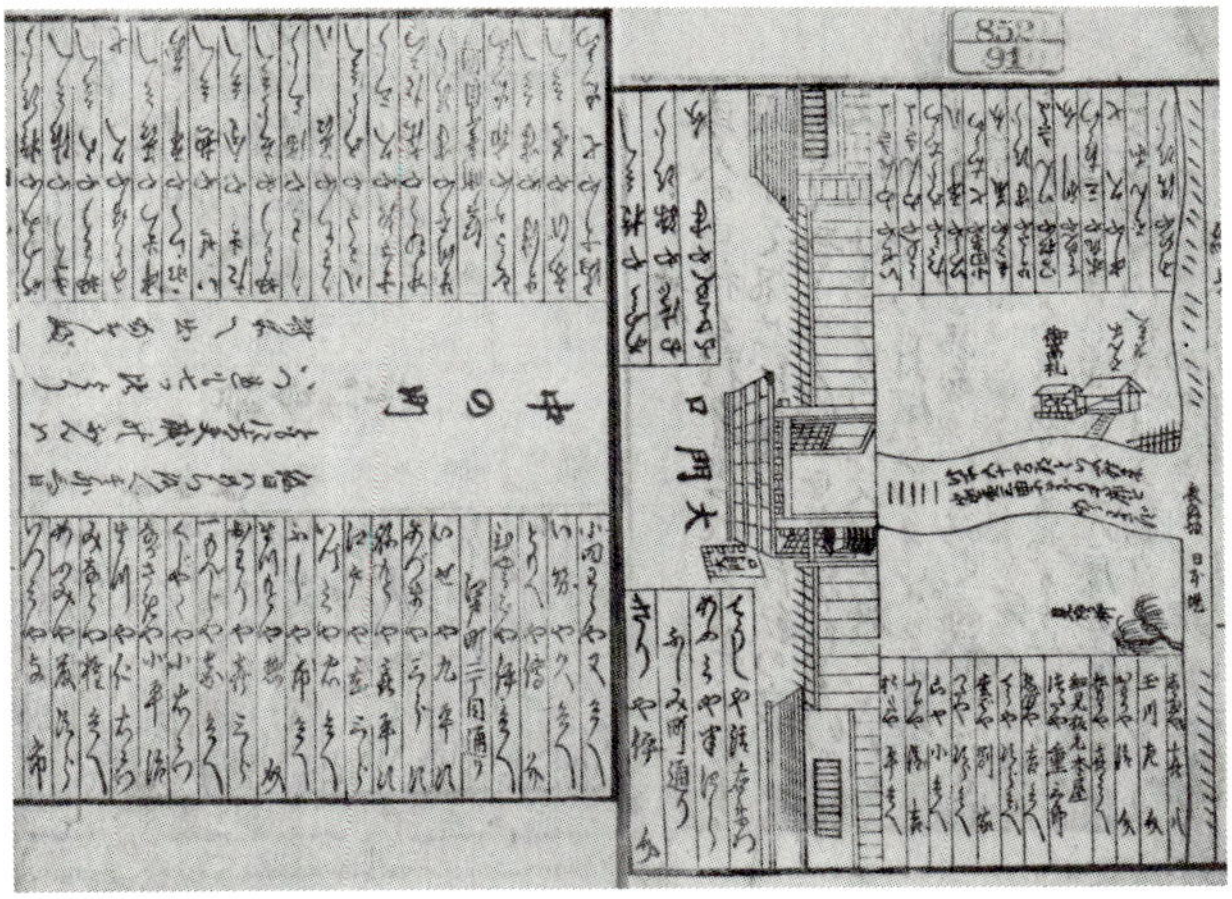

1779（安永8）年に耕書堂から出版された吉原のガイドブック**『吉原細見』**。中央には正面玄関である大門の文字が見られる。（国立国会図書館）

当時の街並みは、19世紀前半に歌川広《うたがわひろ》重《しげ》らによって描かれた浮世絵で知ることができるが、たくさんの人が行き交う賑やかな様子を見ると、一種のテーマパークに近かったようだ。

蔦重も手がけた吉原の妓楼の名称や遊女の名前などが記されたガイドブック**『吉原細見《よしわらさいけん》』**は、江戸っ子が実用のために買い求めるだけでなく、参勤交代をはじめ、江戸を訪れた人が故郷への土産にと買うことも多かったそうだ。

人々にとって、吉原は一度は訪れてみたい憧れの存在だったといえるだろう。

遊女はファッションリーダー&インフルエンサー

遊郭で性的なサービスを行っていた女性を遊女《ゆうじょ》といった。といっても、吉原はただの売春街とは性格が異なり、**江戸の文化人たちの交流拠点**だった。一流の遊女は、大名や豪商などを相手にすることから、教養の高さが求められ、書道・和歌・茶道・三味線など、さまざまな芸事にも秀でているのが当たり前だった。

遊女の華やかな姿はたびたび浮世絵にも描かれ、現在も残る女性の髷《まげ》の結い方には吉原から生まれたものも少なくないという。今でいうファッションリーダーやインフルエンサーのような存在だった。

また、吉原の遊女には格付けがあった。一般的に最高位の遊女を「**太夫**《たゆう》」といい、吉原では宝暦年間《ほうれきねんかん》(1751~1764年)以降、上級遊女のことを「**花魁**《おいらん》」と呼ぶようになった。花魁には「呼出し昼三《ちゅうさん》、昼三、座敷持ち、部屋持ち」の順に階級があり、それぞれ個室を持った。そして、下級遊女を振袖新造《ふりそでしんぞう》と呼び、客を取らない30歳以上の元遊女を「番頭新造《ばんとうしんぞう》」、見習いの少女を「禿《かむろ》」と呼んだ。

下級遊女の振袖新造や客を取らない者は雑居生活を強いられるなど、ランクによって暮らしぶりも異なる。もちろん、躾《しつけ》も立ち居振る舞いも行き届いた花魁は、庶民にはとても手が届く存在ではなかった。

喜多川歌麿「北國五色墨（ほっこくごしきずみ）・おいらん」
18世紀
喜多川歌麿が高級遊女の花魁を描いたもので、北國とは江戸城の北に位置する吉原遊郭のことをさしている。
ColBase（https://colbase.nich.go.jp/）

遊女と遊ぶにはどうすればいい？

吉原を訪れた客はどのように遊女と遊んだのだろうか？　張見世（大見世《おおみせ》・中見世《なか》・小見世《こ》）に並んでいる遊女と遊ぶのならそれほど難しいことはなく、妓楼の入口で気に入った遊女を指名すればいい。刀を預けたのち二階の**引付座敷**《ひきつけざしき》に案内され、そこで待っていると指名した遊女がやってくる。揚代《あげだい》という料金を支払った後は、飲食を楽しむのも床入りをするのも自由。これが一般的な遊女との遊び方だ。

ところが、上級遊女と遊ぶとなるとそう簡単ではない。仲の町の両側に立ち並ぶ**引手茶屋**《ひきてぢゃや》を通すのが鉄則だ。茶屋といっても喫茶店とは違い、お酒や食事が提供され、遊郭への案内を取り次ぐような役割を担っていたのである。

引手茶屋を通せば妓楼から直接花魁を呼ぶことができ、しかも上級の花魁であれば新造や禿を連れてやってくる。酒宴を開いた後は案内のもとでいよいよ妓楼へ向かうが、太夫クラスの花魁が新造や禿、遣手婆《やりてばば》や幇間《ほうかん》（太鼓持ち）を引き連れて歩く光景は豪華絢爛《ごうかけんらん》であり、ひときわ目を引いたことだろう。

吉原には遊び方としきたりがあり、品のない振る舞いは厳禁で、上級遊女とは、いきなり遊べるわけではなかった。ある遊女に初めて会うことを**「初会《しょかい》」**というが、そのとき客は遊女から品定めをされるため信頼を勝ち取る必要があった。そうして数回通い（二度目が**「裏」**、三度目が**「馴染《なじ》み」**）、お互いの信頼関係が生まれた頃、ようやく**床入り**ができるようになる。

目当ての遊女の心をつかむのは簡単ではなく、他の妓楼の遊女のもとに通うことは野暮《やぼ》な態度とされ、同じ妓楼の他の遊女のもとに通うのは厳禁だった。客側の一途な思いが試されたのである。遊女は高い教養を持ち、客側も高いモラルと作法が求められる、そんな世界が吉原という場所だった。

歌川国貞『吉原遊郭娼家之図』の中にある吉原を描いた1コマ。1813年、永寿堂・西村屋与八が出版したもの。（国立国会図書館）

Q2

天下泰平の世に広まった江戸文化

江戸の庶民が楽しんだ娯楽とは？

現代人も慣れ親しむ娯楽が次々に誕生

日本史上、江戸時代ほど庶民に親しまれる多様な娯楽が誕生した時代は珍しい。主なものとして**歌舞伎**、**相撲**、**旅行**や寄席《よせ》、浄瑠璃《じょうるり》などが挙げられるが、これら現代に通じる文化が生まれた背景は、約２６０年にわたって戦乱のない天下泰平の時代が続いたからに他ならない。庶民の生活に余裕ができ、余暇が生まれたことも娯楽の発展を後押ししたのである。これらの娯楽は、浮世絵の題材として描かれた。蔦屋重三郎ら出版界（版元）は、その普及を浮世絵で後押ししたといえる。

そして、浮世絵は現代の私たちにとって江戸時代の庶民がどのような文化に親しんでいたのかを知る格好の資料となっている。

その中で、**歌舞伎**は江戸時代を代表する芸能といっていい。歌舞伎は安土桃山時代から江戸時代初期の17世紀初め頃に出雲阿国《いずものおくに》がはじめた「かぶき踊り」をルーツとするが、飛躍的な発展を遂げたのは、人気役者が登場した元禄年間（1688～1704年）頃である。この頃、現在に伝わる歌舞伎の原型が完成したといえる。

上方では**初代坂田藤十郎**《さかたとうじゅうろう》が色男の恋愛模様を描く**「やつし事」**（高い身分の人が落ちぶれる様）と呼ばれる芸風で人気となったが、江戸では**初代市川團十郎**《いちかわだんじゅうろう》の豪快で勢いがある芸風「荒事《あらごと》」が支持された。

江戸の歌舞伎役者は顔に「隈取《くまどり》」という独特の化粧を施し、「見得《みえ》」や「六方《ろっぽう》」などの迫力ある演技によって観客を魅了した。初代の気迫に満ちた芸風を受け継いだ二代目市川團十郎《いちかわだんじゅうろう》は荒事を完成形へ導いた立役者であった。歌舞伎と浮世絵は深いつながりがあり、江戸時代後期には歌舞伎役者を題材にした役者絵は飛ぶように売れ、多くの版元が参入した。蔦重の依頼を受けて、東洲斎写楽が描いた**「市川鰕蔵《いちかわえびぞう》の竹村《たけむら》定之進《さだのしん》」**（p158）は、歌舞伎役者の市川鰕蔵（五代目團十郎）を描いたもので、役者絵は現代でいうブロマイドやポスターのようなものだったといえる。

東洲斎写楽「市川鰕蔵の竹村定之進」重要文化財　1794年
河原崎座で行われた「恋女房染分手綱（こいにょうぼうそめわけたづな）」に出演した市川蝦蔵を描いた役者絵。
ColBase（https://colbase.nich.go.jp/）

伝説級の最強力士が生まれた相撲

日本の国技となっている**相撲**。そのルーツは『古事記』の時代とされ、戦国時代には武士の戦闘訓練の一環として広まったという。その相撲が庶民の娯楽として行われるようになったのは、江戸時代中期である。18世紀中頃には全国で寺社造営・修復費用を集めるための勧進相撲が行われ、11代将軍徳川家斉による上覧相撲《じょうらんずもう》をきっかけに人気が過熱した。

江戸時代、相撲の黄金期を築いたのは、寛政年間（1789～1801年）の**谷風《たにかぜ》、小野川《おのがわ》の両横綱と雷電《らいでん》の三大力士**である。とくに信濃国《しなののくに》（長野県）出身の雷電は相撲史上最強とされる力士の一人であり、身長は約197㎝、生涯戦績は254勝10敗2分という驚異的な強さを誇ったが、横綱に推挙されず大関だった。相撲は歌舞伎と双璧をなす大衆娯楽の定番となった。雷電ら人気力士は錦絵にも描かれ、庶民はこぞって買い求めた。当時の錦絵を見ると土俵入りや取り組みの形式、髷《まげ》、化粧まわしの雰囲気も現在と変わらないことがわかる。

庶民の間で空前の旅行ブームが起こる

江戸幕府が「東海道、中山道、甲州街道、日光街道、奥州街道」のいわゆる五街道を整備し、各地に宿駅《しゅくえき》（宿場町《しゅくばまち》）を設けて人と物の往来を盛んにすると、庶民の間で**旅行**が空前のブームになった。旅は人々にとって大きな関心事となり、江戸の人々はもちろん、地方の人々の間でも伊勢神宮や善光寺などへ参詣《さんけい》する物見遊山《ものみゆさん》や湯治《とうじ》が大流行した。19世紀前半に**葛飾北斎の『富嶽三十六景《ふがくさんじゅうろっけい》』**や**歌川広重の『東海道五十三次《とうかいどうごじゅうさんつぎ》』**など風景を描いた浮世絵が評判となっている。当時の旅は基本的に徒歩が主体で、危険を伴うものであった上に費用もかかった。そこで、「伊勢講《いせこう》」のように信仰心を同じくする**「講《こう》」**という団体を組織し、費用を募って代表者に旅に出てもらうスタイルも流行した。八隅蘆庵《やすみろあん》が文化7（1810）年に刊行した『旅行用心集《りょこうようじんしゅう》』のように、旅のガイドブックを出版する版元が多数出現した。また、蔦重が関わった『吉原細見』は江戸の人々は言うにおよばず、観光客からも土産として人気を博した。この頃、宿泊時に用いる旅枕やろうそく立てなど、旅の利便性を高める道具も販売されている。

葛飾北斎「富嶽三十六景・神奈川沖浪裏（ふがくさんじゅうろっけい　かながわおきなみうら）」19世紀
富士山をテーマにした46枚シリーズの一つで世界的に知られた作品。誇張を加えたダイナミックな波の表現が迫力を生み出している。
ColBase（https://colbase.nich.go.jp/）

歌川広重「東海道五十三次之内　宮　熱田神事（とうかいどうごじゅうさんつぎのうち　みや　あつたしんじ）」19世紀
江戸と京都を結ぶ東海道の53宿駅を描いたシリーズの一枚。本画は熱田神宮での御馬塔（おんまと）という神事の様子が描かれている。
ColBase（https://colbase.nich.go.jp/）

Q3

18世紀後半の江戸の読書事情

江戸時代って、本を読む習慣があったの？

寺子屋《てらこや》の普及で世界でもトップクラスの識字率《しきじりつ》を誇った

18世紀頃、各地に**寺子屋**（手習所《てならいじょ》とも）という学び舎《や》が各地で増え、19世紀の最盛期には全国で1万5000ヵ所を超えていたとされる。諸藩が教育機関として設けた藩校《はんこう》（藩学）や郷校《ごうこう》（郷学）とは異なり、寺子屋は私的な教育機関だった。武士や商人の子どもが通う例が多く、年少者の教育の場として役立てられていた。また、学年制などはなく**年齢を問わず入学することができた**点も特徴である。寺子屋で指導をする師範《しはん》は武士や僧侶、有力な商人などが務め、女性の場合もあった。授業では**読み書き**のほかに、**そろばん**などの実用的な学問を教えていた。

教科書代わりの書物も存在した。手紙を書く機会が多かった人々の役に立ったのが、書簡の作成の仕方を手ほどきした「往来物《おうらいもの》」である。また、享保7（1722）年に8代将軍徳川吉宗は儒学の教えをまとめた『六諭衍義大意《りくゆえんぎたいい》』を配布し、寺子屋の教育を支援した。この寺子屋が普及したことで、江戸時代の日本は**世界でもトップクラスの識字率**（読み書きができる人の割合）の高さを誇り、庶民は読書を楽しんだ。18世紀の江戸では70％を超える人々が読み書きをできたといわれるが、知識層のみならず、とくに庶民の識字率が高かったことが出版文化の隆盛の上で大きな意味があったと考えられる。言うまでもなく文字が読めなければ本は売れないし、本を読める人がいなければベストセラーは生まれない。庶民向けの娯楽本を開いてみても、今の私たちの感覚からすれば、かなり難解な漢字が使われている。しかし、当時の人たちはこれを読みこなしていたのだから驚きというほかない。

江戸時代中期頃には、上方（京都・大坂）だけでなく江戸の町にも書店が生まれ、**貸本屋《かしほんや》**も800軒を数えるほどだったという。これほどの出版文化の広がりから、人々の間に読書の習慣があったことは間違いない。寺子屋の教育システムは、日本の出版文化を発展させた源泉といっていいだろう。

Q4

江戸時代の本はどんな印刷技術が使われたの？

人気の本を庶民の元へ届ける印刷技術の進化

木版印刷《もくはんいんさつ》の登場で絵入りの本が庶民のもとへ

中世以前、書物といえば基本的には手書きで、収蔵しているのはもっぱら寺院や神社などに限られていた。文字が読める限られた身分の人は、本を読むために寺院を訪れ、**写本《しゃほん》**（手書きで複製された本）を読むしかなかった。また、内容を記録するには、わざわざ書き写して写本を作る以外に方法はなかったのである。印刷技術の普及には宗教と密接な結びつきがあった。まず世界最古の印刷物として知られるのは、奈良時代、天平宝字《てんぴょうほうじ》8（764）年に称徳天皇《しょうとくてんのう》が発願《ほつがん》して製作された**百万塔陀羅尼《ひゃくまんとうだらに》**である。そして、800年ほどのちのキリスト教の伝播は、人々に印刷物の重要性を認知させる契機となった。安土桃山時代、布教のために日本を訪れた**イエズス会宣教師のヴ**

アリニャーノは、「活版印刷機《かっぱんいんさつき》」を使った印刷物「キリシタン版」を製作する。これはヴァリニャーノが布教の拡大のために教育を重視し、作成を発案した教科書群であった。しかし、これは豊臣秀吉のバテレン（宣教師）追放令によって衰えてしまう。

その後、秀吉の朝鮮出兵の際に朝鮮半島から金属活字がもたらされると、のちに徳川家康が帝王学の教科書として『貞観政要《じょうがんせいよう》』などの書物「駿河版《するがばん》」を作成。幕府内でも印刷物に関心が高まった。しかし、活版印刷の場合は写植に用いるひらがなやカタカナ、漢字の活字を大量に製作する必要があり、かかる手間も費用も膨大であった。

そこで、より合理的な技術として注目されたのが**「木版印刷」**だった。木の板の表面に文字や絵を刻んで版木を作り印刷する技術である。緻密な絵が彫刻でき、多色刷りも可能。そして、ひとたび版木を製作すれば大量に印刷ができるメリットもあった。

木版印刷は、出版需要の高まりとともに爆発的に広まった。瓦版《かわらばん》や引札《ひきふだ》などの製作を可能にしたほか、草双紙などの絵入りの書籍、さらには浮世絵も木版印刷の技術によって生み出されたものである。このように江戸時代には、庶民が手軽に本を手に取れる環境が作られたのである。

Q5

蔦重も手がけた絵入りの娯楽本

江戸で大人気の黄表紙《きびょうし》ってどんな本？

黄表紙は江戸の庶民の心をとらえベストセラーが誕生した

江戸時代の中期、庶民の間で人気を博した本に、**草双紙**《くさぞうし》と呼ばれる絵入りの娯楽本があった。五丁（10ページ）を一巻一冊とするもので、その手軽さから急速に庶民に受け入れられ、表紙の色によって**「赤本、黒本、青本」**などと呼ばれていた。赤本はおとぎ話の桃太郎など子ども向けが中心で、赤本に続いて登場した黒本と青本は歴史ものや恋愛物語など大人向けの内容となっていた（黒本と青本の違いは諸説あるが表紙の違いか）。

さらに、安永《あんえい》年間から文化年間（1772〜1818年）にかけて一世を風靡したのが草双紙から発展した**黄表紙**である。

活字主体で文学的な読本と比べ、草双紙は内容が浅いと考えられていたが、蔦重は大人向けの知的な内容でその常識を一変させた。当時起こった社会的事件から、風俗や世相、流行語などを盛り込み、写実的に描写した点も特徴である。

黄表紙は江戸の人々の心をとらえ多くの人気作が誕生した。安永4（1777）年に刊行された恋川春町《こいかわはるまち》の**『金々先生栄花夢《きんきんせんせいえいがのゆめ》』**はその先駆けとなり、式亭三馬《しきていさんば》の『雷太《いかずちた》郎強悪物語《ろうごうあくものがたり》』、山東京伝《さんとうきょうでん》の『新美人合自筆鏡《しんびじんあわせじひつかがみ》』も代表的な作品である。

蔦重が出版した朋誠堂喜三二《ほうせいどうきさんじ》の黄表紙『文武二道万石通《ぶんぶにどうまんごくどおし》』と、恋川春町の黄表紙『鸚鵡返文武二道《おうむがえしぶんぶふたみち》』は、幕府に対する皮肉や批判を盛り込んだため、幕府の改革に不満を持っていた庶民がこれらの黄表紙を支持し、増刷が間に合わないほど売れに売れ、ベストセラーとなった。

当初の黄表紙はページ数も少なく手軽に読めるもので、『金々先生栄花夢』もわずか20ページという短さである。しかし、人気を博すと内容の充実が図られ、敵討ちものの流行にともない長編化していく。のちに黄表紙二〜三冊分を一冊にまとめ、前・後編の体裁をとった**合巻《ごうかん》**が出版されるようになった。

Q6

江戸の庶民を楽しませた多彩なジャンルの本たち

草双紙・黄表紙のほかにどんな本が売られていたの？

木版印刷の発達で書物のジャンルが多彩になった

江戸時代以前の日本には、「写本《しゃほん》」もしくは「古刊本《こかんぼん》」の2種類があった。写本は手書きで希少だったこともあり、識字率が低い庶民が閲覧できる機会はほとんどなかった。古刊本は室町時代末期までに出版された本を指し、印刷物ではあったが高価であり、仏教の教典を中心に堅い内容のものが多かった。江戸時代中期以降、公家・武家と並び町人も文化の担い手となったことで、出版される本が現代と遜色《そんしょく》ないほどに多様化し、出版点数も増加した。「木版印刷」の発達によって出版に変革をもたらし、浮世絵の登場で人々は安価に絵を入手できるようになり、日々のニュースを扱う瓦版の発行が始まると市中で起こる事件が関心を集めることになった。

それではここで、草双紙・黄表紙を除いたこの時代の代表的な出版物を紹介しよう。

▼仮名草子《かなぞうし》

江戸時代初期に登場した、ひらがな主体で書かれた小説。主に京都で出版され、ターゲットは女性や子どもであった。江戸時代中期には、浮世草子《うきよぞうし》という大人向けの小説も生まれる。

▼狂歌本《きょうかぼん》、狂歌絵本

狂歌をまとめた歌集。当初は狂歌を並べるだけの構成であったが、喜多川歌麿の挿絵を使い人気を得た耕書堂刊『潮干のつと』のような狂歌絵本が人気を博した。

▼洒落本《しゃれぼん》

天明年間(1781~1789年)に流行。遊女と客の駆け引きなど、主に遊郭などで起こる出来事を会話形式でまとめた読み物。野暮な客の実態なども描写されており、内容を通じ、遊郭での遊び方を知ることができる実用書としての一面もあった。山東京伝《さんとうきょうでん》の『通言総籬《つうげんそうまがき》』『仕懸文庫《しかけぶんこ》』が有名。通常の半紙の4分の1の小さな判型で、蒟蒻《こんにゃく》くらいのサイズだったため蒟蒻本とも呼ばれた。

▼読本《よみほん》

口語体で書かれた中国の『白話小説《はくわしょうせつ》』の影響を受けた長編小説で、上方の**上田秋成《うえだあきなり》**『雨月物語《うげつものがたり》』（前期読本）、江戸の**曲亭馬琴《きょくていばきん》**の『南総里見八犬伝《なんそうさとみはっけんでん》』『椿説弓張月《ちんせつゆみはりづき》』（後期読本）が代表作だ。活字中心で構成されたことから読本と呼ばれたが、江戸時代後期になると挿絵入りも登場した。貸本屋などで人気を博し、文化・文政年間（1804〜1830年）に全盛期を迎えるが、黄表紙と比べ出版点数が少なかったようだ。

▼人情本《にんじょうぼん》

庶民の恋愛を描いた小説。文政以降（1818年〜）に地本として江戸で大流行し、**十返舎一九《じっぺんしゃいっく》**の『清談峯初花《せいだんみねのはつはな》』がその先駆的な作品で、**為永春水《ためながしゅんすい》**が『吾嬬春雨《あずまのはるさめ》』『春《しゅん》色梅児誉美《しょくうめごよみ》』を刊行して人気作家に躍り出た。読者の中心は女性であったとされる。しかし、卑猥な内容のものも少なくなかったため、幕府が監視を強めるようになった。水野忠邦《みずのただくに》が行った天保《てんぽう》の改革で春水が処罰を受けると、衰退していった。

▼滑稽本《こっけいぼん》

会話を通じた人物の言動の滑稽さを描いたもので、文化・文政年間（1804〜1

830年）に流行。**十返舎一九**『東海道中膝栗毛』、**式亭三馬**《しきていさんば》『浮世風呂《うきよぶろ》』などが有名。

▼浮世絵《うきよえ》

役者絵から美人画、風景画など、当時の文化や風俗を描いた江戸時代初期に成立した絵画の一種。筆で直に描いた一点物の絵を**「肉筆画」**、印刷されたものを**「木版画」**と分類し、菱川師宣《ひしかわもろのぶ》の「見返り美人図」は肉筆画の、葛飾北斎の『富嶽三十六景』は木版画の代表例で、庶民に広まったのは後者である。また、旅の流行に合わせて、東海道・江戸などの風景画が人気を博した。

▼名所図会《めいしょずえ》

江戸時代後期に登場した、各地の名所旧跡や景勝地などを紹介する文章つきの風景画。『吉原細見』などの名所記が発達したものといえる。

▼瓦版《かわらばん》

現在の新聞に近く江戸時代中期から明治初頭まで刊行された。社会的な事件や災害などのニュースや心中話、ときには妖怪の出現など創作話までさまざまな話題を報じた。販売担当者は街中で内容を読み上げながら売り歩いたため**「読売《よみうり》」**と呼ばれた。

〈浮世絵〉

切手のデザインにもなった！

菱川師宣「見返り美人図」

17 世紀

緋色（ひいろ）の着物を身に纏った美人が、振り返る一瞬を描いた人気の作品。

ColBase

（https://colbase.nich.go.jp/）

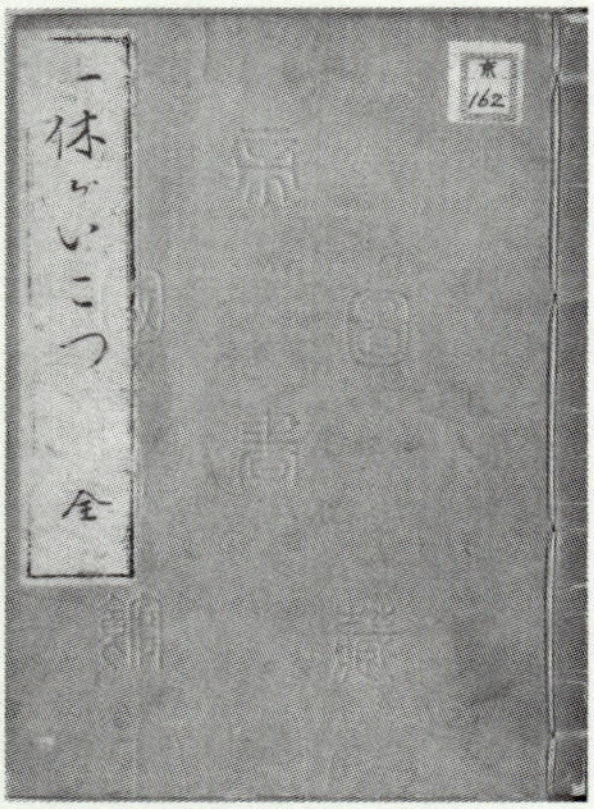

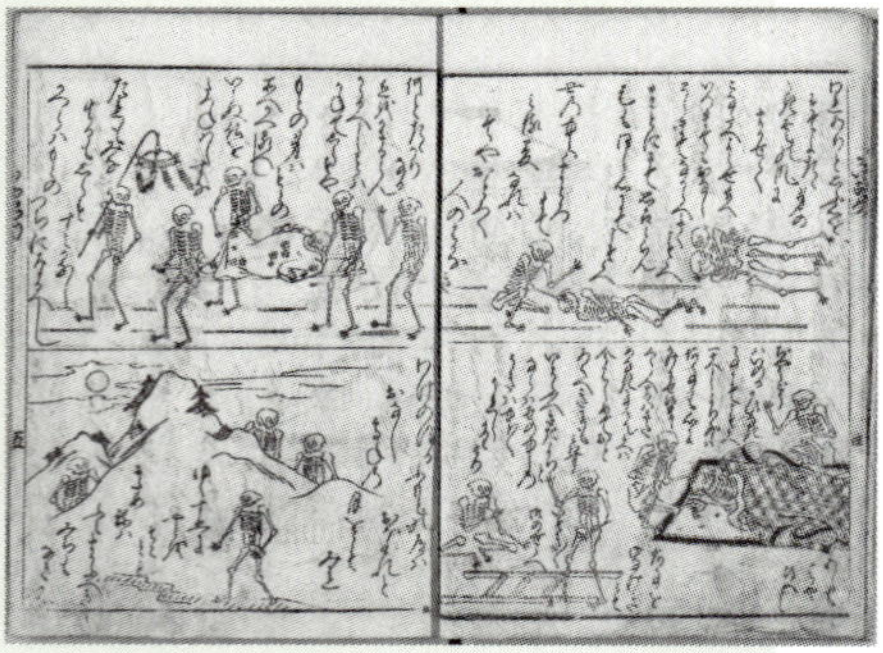

〈仮名草子〉

骸骨が人間のように振る舞う！

『一休骸骨（いっきゅうがいこつ）』

仮名書きの法語集で、たくさんの骸骨が登場して日々の営みを行う様子を描いている。書名に「一休」とあるが作者は不明とされている。（国立国会図書館）

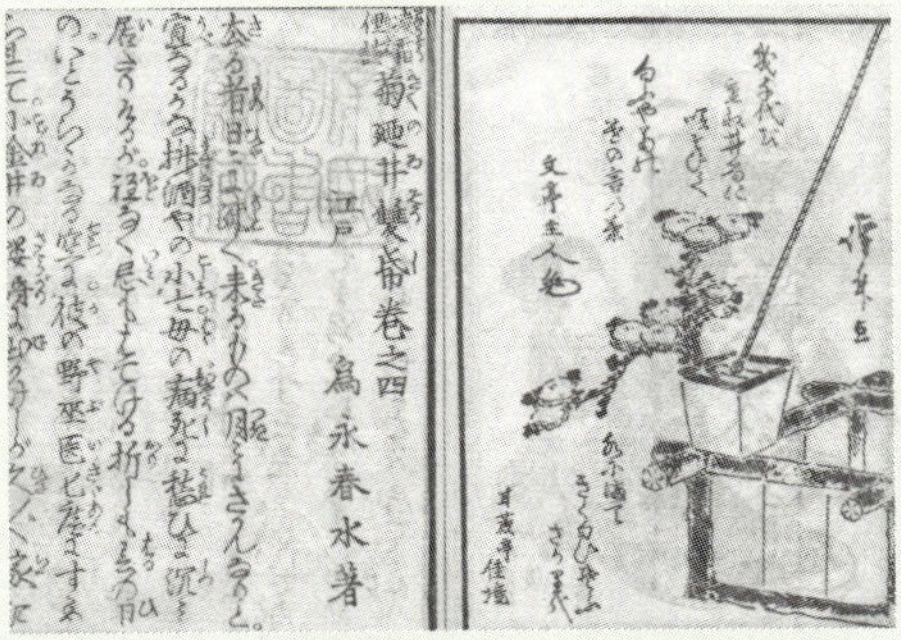

〈人情本〉

恋愛がテーマのお話！

為永春水作『菊廼井草紙（きくのいぞうし）』

1824年に出版された、為永春水作・渓斎英泉（けいさいえいせん）画の人情本。（国立国会図書館）

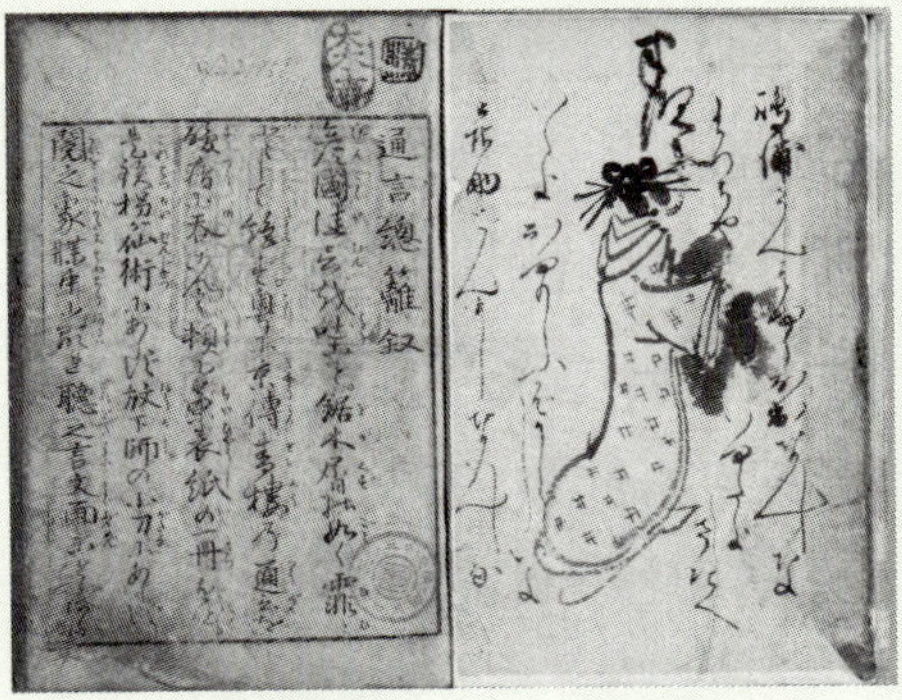

〈洒落本〉

遊女と客の会話で綴る！

山東京伝『通言総籬』

1787年に耕書堂から出版されたもので、会話体を用いた洒落本の最高作といわれる。（国立国会図書館法）

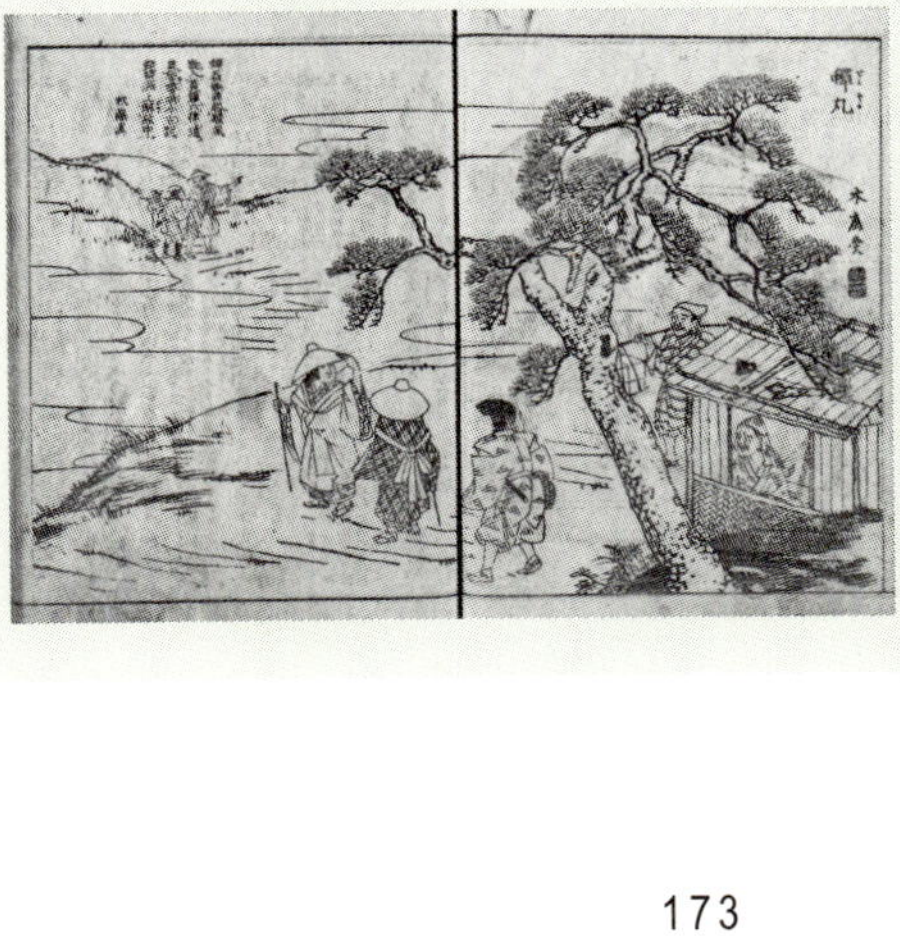

〈名所図絵〉

旅のガイドブック！

秋里籬島（あきさとりとう）『東海道名所図会（とうかいどうめいしょずえ）』

1779年に出版。全六巻からなり、江戸ー京都間の名所や宿場の様子、特産物などが描かれている。（国立国会図書館）

Q7

浮世絵の題材になったものは？

身近な江戸の芸術を飾った絵の職人たち

「絵師《えし》、彫師《ほりし》、摺師《すりし》」の三者が連携し一枚の浮世絵が生み出される

江戸時代の芸術を牽引していた絵師集団といえば、朝廷絵所預《ちょうていえどころあずかり》の「土佐派《とさは》」や幕府御用絵師《ごようえし》の「狩野派《かのうは》」「住吉派《すみよしは》」などが挙げられる。狩野派は江戸城や二条城の御殿の障壁画《しょうへきが》を描き、大寺社からの依頼を受けることも多かった。つまり、芸術が支配階級や特権階級と結びついていたのである。こうした伝統的な芸術に対し、浮世絵師は蔦屋重三郎のような版元から仕事の依頼を受けて浮世絵を描き、その作品を都市の幅広い階層が買い求め楽しんでいたのである。浮世絵師が描く題材は、景勝地の**風景画**や名地の名所絵、茶屋の娘や遊郭の遊女を描く**美人画**、歌舞伎などの**役者絵**《やくしゃえ》や力士を描く**相撲絵**《すもうえ》、歴史上の人物を描く**武者絵**《むしゃえ》、おふざけの**戯画**《ぎが》などであった。浮世絵は

現世（浮き世）に生きる都市民の憧れや楽しみを描き、彼らが芸術文化の担い手となって生まれた点に特徴がある。浮世絵の多くは木版印刷によって大量生産されていたため、人々にとってもっとも身近な芸術作品だったのである。また、一枚の木版画が完成するには**「絵師、彫師、摺師」**が関わり、この三者の共同作業が不可欠だった。版元の依頼を受け、絵師はまず版下と呼ばれる作図案を提出する。版下は彩色されておらず、輪郭線のみのモノクロの絵である。これをもとに彫師が版木を作成する。その版木を使って摺師が多色刷りの印刷を施して仕上げる。刷り上がったものは絵師と版元が確認し、問題がなければ地本問屋などを通じて流通するという流れである。

絵師は版下を版元に納品すれば収入が得られた。しかし、葛飾北斎ほどの売れっ子でも、一枚の版下を制作して得られる収入は現在の価値に換算して、3000〜6000円程度だったといわれている。もちろん売れっ子になれば依頼が増える分、収入は上がるとはいえ、基本は買い切りだった。つまり、どれだけ増刷されても手取りは変わらなかった。浮世絵を出版した版元にとって、非常に有利な契約といえ、版元が手にした利益の大きさがよくわかる逸話である。

Q8

天明年間に一大狂歌ブームが巻き起こる

蔦屋重三郎も没頭したという狂歌とは？

狂歌にのめり込んだ蔦重は狂歌師「蔦唐丸《つたのからまる》」を名乗る

狂歌は一般的な和歌の形式である「五・七・五・七・七」の音で読まれる短歌の一種で、社会に対する痛烈な風刺や皮肉を盛り込んで歌われるのが特徴だ。もともと鎌倉時代から室町時代に起こったものだが、江戸時代に入ると上方から江戸の順に流行していく。天明年間（1781～1789年）には江戸で一大**狂歌ブーム**が起こり、多くの狂歌師が登場した。狂歌に親しんだのは下級武士や町人などを中心とする知的階層で、愛好家団体の狂歌連が各地で結成された。

このブームの盛り上げに出版業界も一役買った。それまでの狂歌は読み捨てられることが多かったが、四方赤良（大田南畝）・朱楽菅江編の『**万載狂歌集**《まんざいきょうかしゅう》』など、著名な狂歌師の歌をまとめた狂歌本が相次いで出版。当時の熱狂ぶりがうかがえる。

このブームを蔦屋重三郎が見逃すわけがない。自身も狂歌にのめり込んで狂歌師となり、**「蔦唐丸」**を名乗って活動した。蔦重自身の趣味の一環でもあったが、多くの狂歌師に接近できたため、版元としてもそれが有利に働いたのである。

蔦重がブームに貢献したのは、挿絵入りの**狂歌絵本**であった。天明6（1786）年に刊行された『吾妻曲狂《あづまぶりきょう》歌《か》文《ぶん》庫《こ》』は、狂歌師の肖像画とともに歌を掲載し、浮世絵師の北尾政演（山東京伝）が絵を描き、しかも彩色が施された豪華な仕様である。天明7（1787）年、蔦重は『吾妻曲狂歌文庫』では50人だった狂歌師の数を倍の100人にした『古今狂《ここんきょう》歌《か》袋《ぶくろ》』を出版。現代でいえばプロ野球の選手名鑑に近い本で、爆発的な売れ行きを見せたという。また、矢継ぎ早に狂歌絵本を出版できた背景には、狂歌師として培った人脈もさることながら、挿絵を手掛ける浮世絵師との信頼関係も大きかった。とくに蔦重は狂歌絵本を出版する過程で、のちに空前の人気浮世絵師となる**喜多川歌麿《きたがわうたまろ》**を起用している。『絵本江戸爵《えほんえどすずめ》』『潮干《しおひ》のつと』などは人気狂歌師の狂歌と歌麿の美しい絵で構成され、歌麿の名を世に知らしめるきっかけとなった。

Q9

江戸時代はどんなところで本が売られていたの？

書物問屋から地本問屋、貸本業へ

人口が100万人に達した江戸が出版を牽引する

18世紀に入ると、江戸は日本の経済・文化の中心都市として大いに発展し、人口はついに100万人を超えて世界一となった。人口の増加に合わせてさまざまな文化が盛り上がり始め、中でも出版文化は蔦屋重三郎ら優れた版元の登場によって、飛躍的な発展を遂げることになった。

江戸時代初期、出版文化を牽引していたのは上方《かみがた》（京都・大坂）であり、江戸では上方で出版された「下《くだ》り本」が**書物問屋**《しょもつどいや》（書物屋）で売られるのが一般的だった。書物問屋では、仏教の経典や儒学などの書物、さらに歴史書などを扱っていた。

やがて、こうした店が独自に専門書や学術書を企画し、出版に参入する例が増えていく。とくに江戸の版元で出版された本を「地本《じほん》」と呼び、そうした本を販売する問屋のことを地本問屋（地本屋）と呼んだ。比較的内容が堅い本を扱う書物問屋に対し、地本問屋は絵入りで娯楽要素の強い本や浮世絵などを中心に扱っていた。

大手の地本問屋は、本の販売だけでなく、企画・編集までを一貫して手掛けることが少なくなかった。いわば版元の役割も担っていたわけである。地本の出版点数が急増したのは、草双紙《くさぞうし》、とくにそこから発展した黄表紙のヒットに起因する。上方の本よりも大衆的で、エンタメ色が強い点が地本の特徴であった。

版元の仕事はまさに現在の編集者にあたる

この時代、本はどのように製作されて出版されたのだろうか？　黄表紙を例に見てみよう。版元はまず本の企画を立てて、作者に執筆を依頼する。蔦屋重三郎はこの版元を率いていたわけだが、さまざまな作者と交流して独自に築き上げた人脈を活かし、て執筆依頼を引き受けてもらうことに成功した。作者から原稿が上がってくると、内容をチェックし、朱書きでの加筆や修正を適宜ほどこしていた。まさに版元の役割は現在の出版社とほとんど同じで、現代の編集者の仕事そのものといっていい。

原稿が上がってくると、版元は絵師に版下絵《はんしたえ》を依頼する。絵師は今でいえばイラストレーターとレイアウトを担当するデザイナーを兼ねたような仕事にあたる。全体のバランスを考えながら、原稿（文字）に絵を添え、紙面を構成した。

ただし、版下絵が完成したからといって、すぐに次のステップに進めるわけではない。問屋仲間を通し、不適切な内容はないか検閲を受けなければならなかった。問屋仲間とは、享保7（1722）年に幕府から認められた同業者組織で、当時から出回っていた海賊版の対策を図るために結成された団体であった。

検閲で問題がなければ、いよいよ版木《はんぎ》の作成に移る。彫師が一枚一枚、版下絵を転写した木の板を手彫りしていく。なお、版木が完成した後も、誤字や脱字などの間違いが発見されれば修正を行った。

こうした何重にも及ぶチェックを経て、ようやく摺師の出番というわけだ。黄表紙のように絵が入り、彩色が施された本は工程が複雑になることも多く、職人には高度な技術が求められた。

地本問屋のほかに貸本屋も増加した

完成した本は版元に納品され、店先に並べて販売された。店先は流行の発信基地であった。すでに述べたように、版元は書店の役割も兼ねていたため、読者の反応を直接感じ取れるメリットがあった。読者の声を次の出版物に反映することもできたのである。

地本問屋はいわば新刊書店であるが、印刷技術が進化したとはいえ、当時はまだ高価なものであった。そこで、本をレンタルする貸本業も隆盛した。貸本屋は風呂敷で包んだ本を背負い、あちこちを巡回するのである。本をレンタルすると、新作なら24文、旧作なら16文程度で（現在に換算するとおよそ500〜700円）、庶民が手軽に利用できるメリットがあった。蔦重が吉原に開いた耕書堂は、『吉原細見』の販売を行いつつ、貸本屋も営んでいた。立地の良さもあって貸本屋は軌道に乗り、吉原に通う客や店の関係者のもとを訪れた蔦重は、広大なネットワークを構築することに成功。後の仕事に有利に働いたのは間違いない。

Q10

江戸の版元との熾烈な競争

蔦屋重三郎には商売敵が多かったってホント？

鱗形屋孫兵衛《うろこがたやまごべえ》・鶴屋喜右衛門《つるやきえもん》・西村屋与八《にしむらやよはち》

今もヒット作を狙って出版社同士が鎬《しのぎ》を削っているように、江戸時代の版元も熾烈な競争を繰り広げていた。蔦屋重三郎はベストセラーを連発する版元であったゆえに、同時にライバルも多かったのである。その筆頭格が**鱗形屋孫兵衛**だ。

17世紀半ばに創業した鱗形屋の三代目・孫兵衛は版元「**鶴鱗堂**《かくりんどう》」の主人で、仮名草《かなぞう》子《し》や絵本、噺本《はなしぼん》などを出版。中でも草双紙を得意とし、赤本や青本のほか、黄表紙の先駆けとなる恋川春町『金々先生栄花夢』を世に出すなど、江戸屈指の地本問屋として名を馳せた。吉原のガイドブック『**吉原細見**《よしわらさいけん》』の版元としても知られ、蔦重は23歳の頃にその販売権の一部を取得し、編集と販売で協力し合う二人は蜜月関係にあった。

孫兵衛は蔦重の能力を評価し、のちに『吉原細見』の編集を任せただけでなく本作り全体の基本を叩き込んだといわれる。ところが、蔦重が版元として出版業に進出、ヒットを連発すると次第に鶴鱗堂の売上に陰りが見える。晩年、経営不振の影響で孫兵衛は出版業から引退したのち、19世紀初頭に鶴鱗堂も廃業したとされる。

「仙鶴堂《せんかくどう》」の**鶴屋喜右衛門**も草双紙や錦絵を得意とする版元で、蔦重が扱う出版物と重なる内容が多く、ライバル関係にあった。蔦重はもともと喜右衛門と日光へ旅をするなど交友関係があったといわれる。しかし、黄表紙がブームになると、両者とも山東京伝に原稿を依頼して熾烈なシェア獲得競争を展開した。日本橋通油町にあった仙鶴堂は江戸を代表する書店であり、本や錦絵を求める客が絶えなかったといわれ、蔦重の店もすぐ近くにあった。

また、「永寿堂《えいじゅどう》」の**西村屋与八**は蔦重に先駆けて、まだ無名だった喜多川歌麿に挿絵を依頼するなど、浮世絵の審美眼に長けていたことは間違いない。与八も蔦重を評価し、浮世絵の販売で協力した時期もある。そんな二人がライバル関係になったのは、蔦重が歌麿を重用し始めたことがきっかけであったといわれる。

蔦重ゆかりの地を訪ねる

蔦屋重三郎が店を構えた地は江戸の吉原と日本橋だ。その地は明治以降に開発が繰り返されているものの、現地を歩けば蔦重が数々の文化人たちと交流した時代の光景が鮮明によみがえってくるはずだ。

吉原に通う人たちが行き交った門

吉原大門跡《よしわらおおもんあと》

東京都台東区千束4-15　仲之町通り

西村重長「浮絵吉原大門口」18世紀
江戸屈指のにぎわいを見せ、華やかな遊女が行き交っていた。
ColBase（https://colbase.nich.go.jp/）

吉原大門は吉原に入るための唯一の入口であった。当時、門のあった場所には街路灯が立ち、「よし原大門」と書かれている。じつはこの街路灯同様、江戸時代の門は簡素な佇まいであった。明治時代の門は鉄製だったという。

門の跡地の周辺にはホテルなどが建ち、風俗街となっている。

蔦重が初めて書店を構えた地

耕書堂跡《こうしょどうあと》

東京都台東区千束4-11付近

吉原大門のすぐ近くに耕書堂があり、人通りが多い吉原の玄関口だったため、蔦重が人脈を構築するには最適な場所だった。ただし、跡地を示すものは残念ながら残っていない。

カーブのあたりに耕書堂があったといわれる。

葛飾北斎によって描かれた蔦重死後の耕書堂。店先に売れ筋の本のタイトルが記されている（東京都立中央図書館）。

吉原の名所で川柳にも詠まれた

見返り柳

東京都台東区千東4-10-8

震災や戦災でたびたび失われ、現在の柳は植え替えられたもの。

吉原で遊んだ人たちは、この柳のあたりで名残を惜しみ、後ろを振り返ったことからこの名がついた。吉原の名所であり、京都の島原遊郭の門口の柳を模して植えられたという。

蔦重の墓所がある日蓮宗の寺院

正《しょう》法《ほう》寺《じ》

東京都台東区浅草1-1-15

石碑の下部には蔦屋家の家紋が刻まれている。

まるで巨大なビルのような本堂の横にある墓所に、蔦重の黒い石碑が立つ。正法寺には蔦重の墓があったが、大正12（1923）年の関東大震災で焼失してしまったため、のちにこの石碑が建立された。

ライバルの版元同士が向き合っていた

小伝馬町

東京都中央区日本橋大伝馬町13・14

鶴屋喜右衛門の仙鶴堂があったのは、東横インやAPAホテルなどのビジネスホテルが立ち並ぶ付近。現在の大伝馬本町通りを挟み、仙鶴堂の向かい側に吉原から移転してきた耕書堂があった。ベストセラーを出す版元の店舗（書店）が向き合う光景は、現在の神保町の光景を思い起こさせるものがある。

小伝馬町のビルに飾られた歌川広重の「東都大伝馬街繁栄図」。現在、このエリアは雑居ビルとホテルが立ち並ぶ地域になっている。

現在は静かなビル街であり、江戸時代のような人の往来は少ない。

おわりに

吉原の小さな地本問屋から出発した蔦屋重三郎は、先見の明とべらぼうな熱量で、それまで真っ当な商売とされていなかった戯作・狂歌・浮世絵をカルチャービジネスへ昇華させ、江戸を上方と並ぶ文化の中心地に担ぎ上げた。

そして、敏腕プロデューサーとして戯作者の山東京伝や浮世絵師の喜多川歌麿、東洲斎写楽を世に送り出し、日本初の職業作家・十返舎一九と曲亭馬琴を駆け出しの頃から育て、道筋をつけるなど、まさに「メディア王」として活躍した。そんな蔦重と関わった文人や絵師は、東洋のみならず西洋でも高く評価されている。

翻って現代日本のメディアは、構造的不況や少子高齢化、デジタル化の波に呑まれて停滞が続いている。そんな折に2025年のNHK大河ドラマの主人公が「蔦屋重三郎」に決まった。そのとき、私は各社・各団体が一致団結すれば出版を含むメディア全体を盛り上げる「千載一遇のチャンス」ではないかと考えたのである。

なぜなら、活字業界・絵画業界・音声業界・映像業界・演劇業界・広告業界など各メディアをつなぐ「ハブ（軸受け）」と成り得るのは、蔦重しかいないと確信しているからだ。

そんなムーブメントを起こす一助になればと思い、江戸という独特の時代背景、蔦重の熱量（気迫）や運と縁をつかむ握力を、わかりやすくお伝えしようと思い本書を書かせて頂いた。

一冊の本を出版するのは、江戸時代から変わらず複数名の共同作業になる。地人館の山本道生さんに編集全般でお世話になり、3章の東洲斎写楽では大角修先生に、4・5章の江戸文化全般では敏腕ライター山内貴範さんに多大な協力を仰いだ。もちろん全章を通じて研究者のさまざまな成果も参照させて頂いたので、先人たちに最大限の敬意を払いたい。そして、版元のGakken酒井靖宏さんが「今回の蔦重」、すなわち総合プロデューサーだ。彼の熱量なくしてこの企画は存在しなかった、ホントに大感謝。

一冊の本を作るにあたって、いち「作者」ができることなど大きくない。それがわかる本になっていれば嬉しい限りだ。

貴重な時間とお金を遣い、お読み頂きありがとうございました。

2024年7月、酷暑の東京にて　伊藤賀一

〈主な参考文献〉

『稀代の本屋 蔦屋重三郎』増田晶文（草思社）
『歴史人2023年12月号増刊 蔦屋重三郎とは何者なのか?』（ABCアーク）
『江戸時代大全』稲垣史生（KKロングセラーズ）
『江戸時代 テーマ別だから政治も文化もつかめる』伊藤賀一監修（朝日新聞出版）
『江戸の色町 遊女と吉原の歴史』安藤優一郎監修（カンゼン）
『大江戸ものしり図鑑』花咲一男監修（主婦と生活社）
『図解!江戸時代』「歴史ミステリー」倶楽部（三笠書房）
『浮世絵の歴史』小林忠、富田智子 ほか（美術出版社）
『日本美術史』山下裕二、高岸輝監修（美術出版社）
『江戸でバイトやってみた。』櫻庭由紀子（技術評論社）
『浮世絵と芸能で読む江戸の経済』櫻庭由紀子（笠間書院）
『写楽 SHARAKU』ユリウス・クルト著・定村忠士ほか訳（アダチ版画研究所）
『特別展写楽』東京国立博物館編・発行
『もっと知りたい葛飾北斎 改訂版 生涯と作品』永田生慈監修（東京美術）
『教科書が教えてくれない 18禁の日本史』下川耿史監修（宝島社）

著者プロフィール

伊藤賀一（いとう・がいち）

1972年、京都府生まれ。法政大学文学部史学科卒業後、早稲田大学教育学部生涯教育学専修卒業。東進ハイスクール講師などを経て、現在はオンライン予備校「スタディサプリ」で高校日本史・歴史総合・倫理・政治経済・現代社会・公共・中学地理・中学歴史・中学公民の9科目を担当。「日本一生徒数の多い社会科講師」として活躍中。著書は、『アイム総理』『改訂版 世界一おもしろい日本史の授業』（以上、KADOKAWA）、『1日1ページで身につく! 歴史と地理の新しい教養365』（幻冬舎新書）、『いっきに学び直す教養としての西洋哲学・思想』（朝日新聞出版社、佐藤優氏との共著）など多数。

Xアカウント　@itougaichi

公式HP　https://www.itougaichi.com/

元祖・敏腕プロデューサーの生涯と江戸のアーティストたちの謎を解き明かす

これ1冊でわかる!　蔦屋重三郎と江戸文化

2024年 9 月24日　第1刷発行
2024年12月24日　第2刷発行

著者　伊藤賀一
発行人　川畑 勝
編集人　滝口勝弘
編集担当　酒井靖宏
発行所　株式会社Gakken
〒141-8416　東京都品川区西五反田2-11-8
印刷所　中央精版印刷株式会社

●この本に関する各種お問い合わせ先
本の内容については、下記サイトのお問い合わせフォームよりお願いします。
https://www.corp-gakken.co.jp/contact/
在庫については　Tel 03-6431-1201（販売部）
不良品（落丁、乱丁）については　Tel 0570-000577
学研業務センター　〒354-0045 埼玉県入間郡三芳町上富279-1
上記以外のお問い合わせは　Tel 0570-056-710（学研グループ総合案内）